Colors of the Nature

A Collection of Pictures

Table of Contents

Chapter One: Birds.. 3

Chapter Two: Flowers...24

Chapter Three: Landscapes...41

Chapter One: Birds

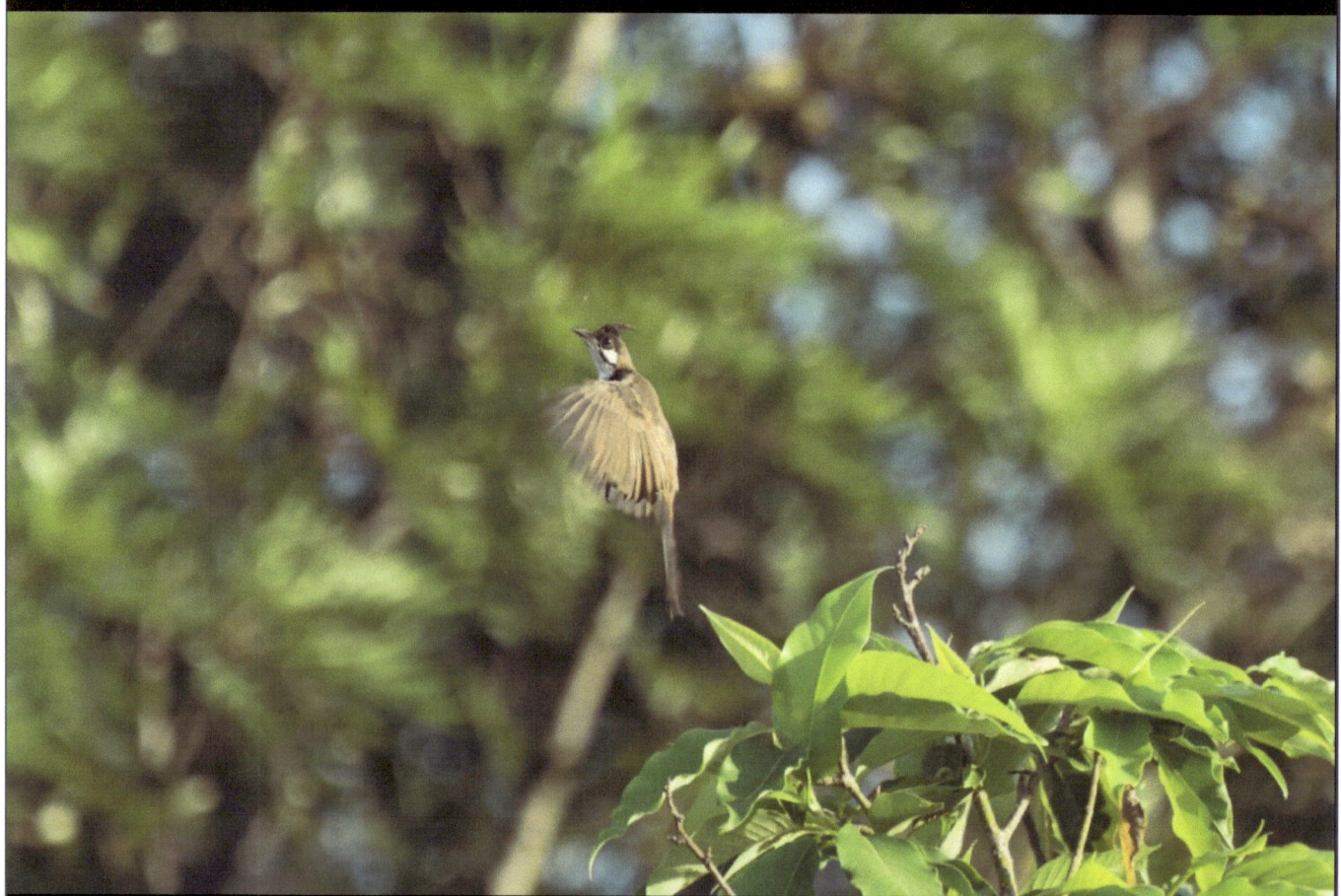

Flying away

f6.3 | 400 mm | 1/400 | ISO 640

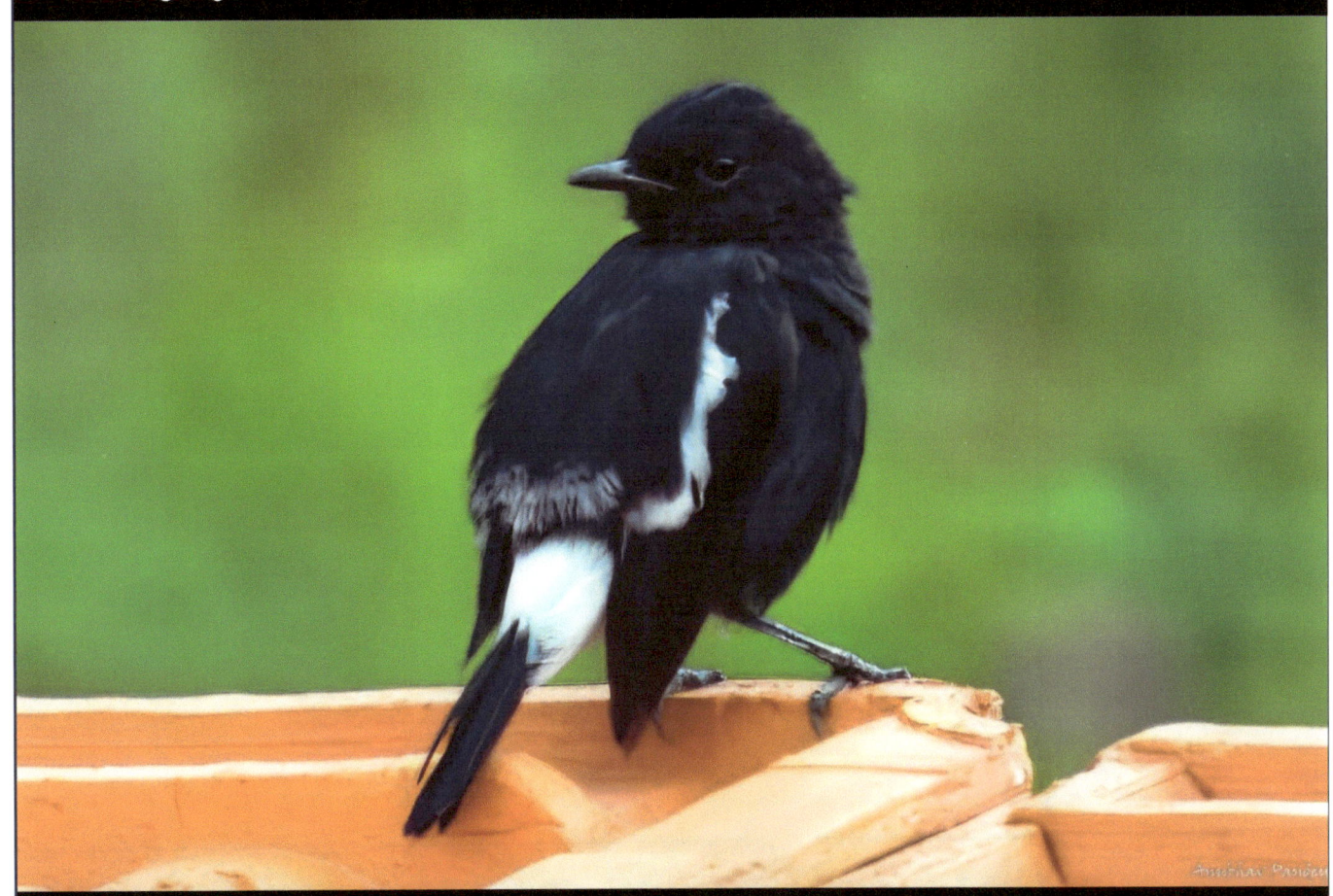

f6.3 | 400 mm | 1/320 | ISO 800

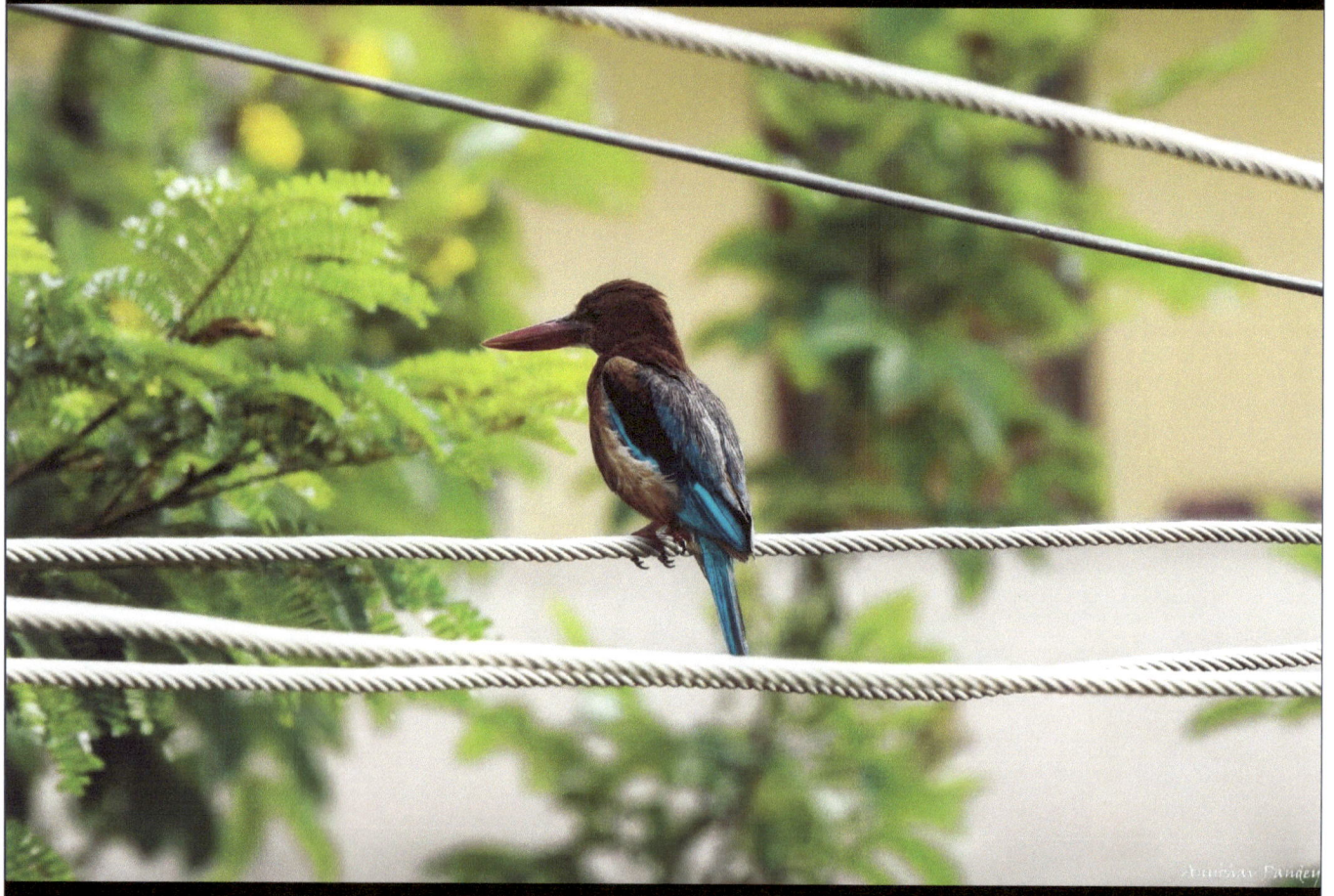

Electric wires don't scare me

f14 | 400 mm | 1/2000 | ISO 12800

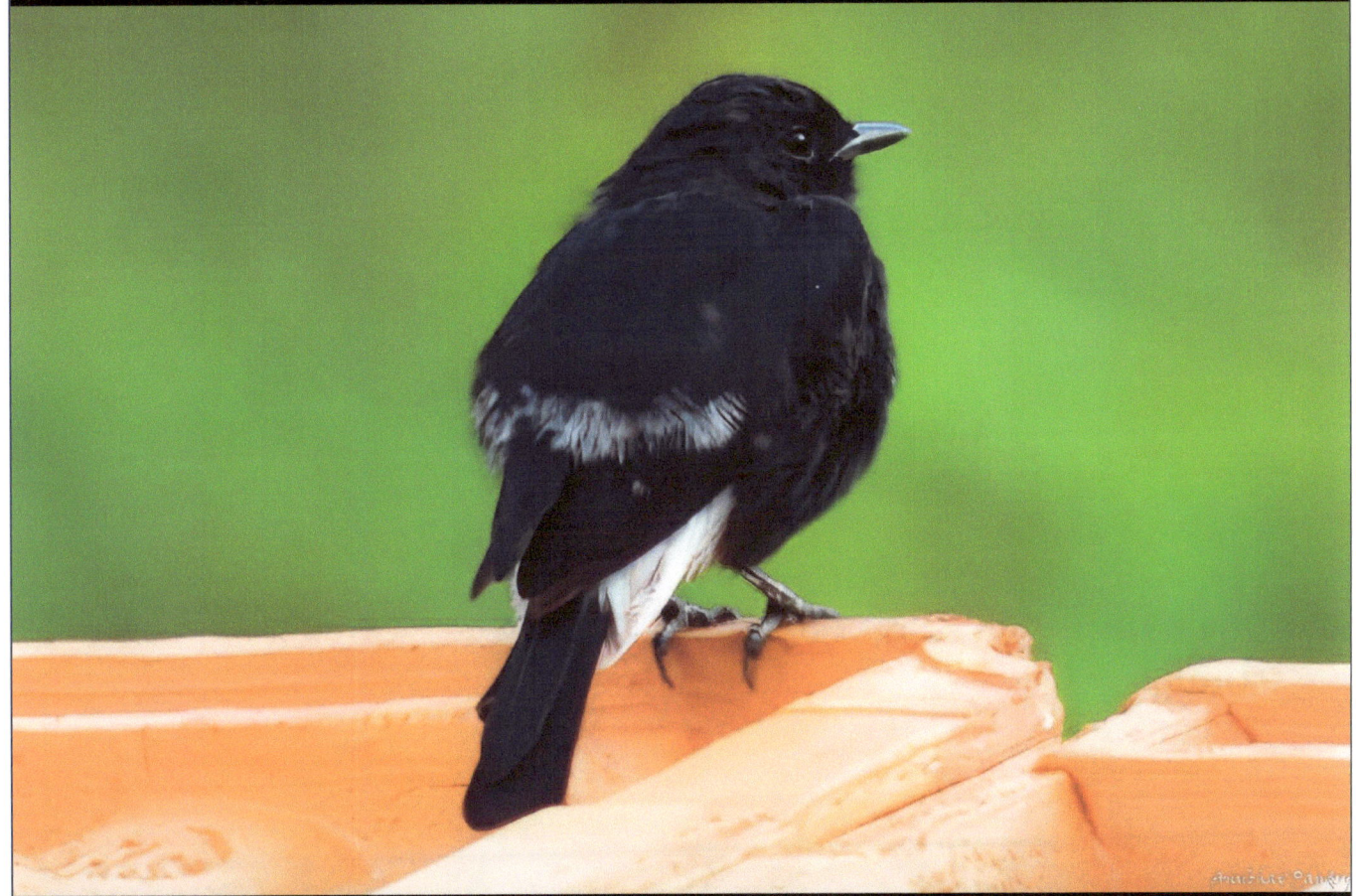

f6.3 | 400 mm | 1/320 | ISO 800

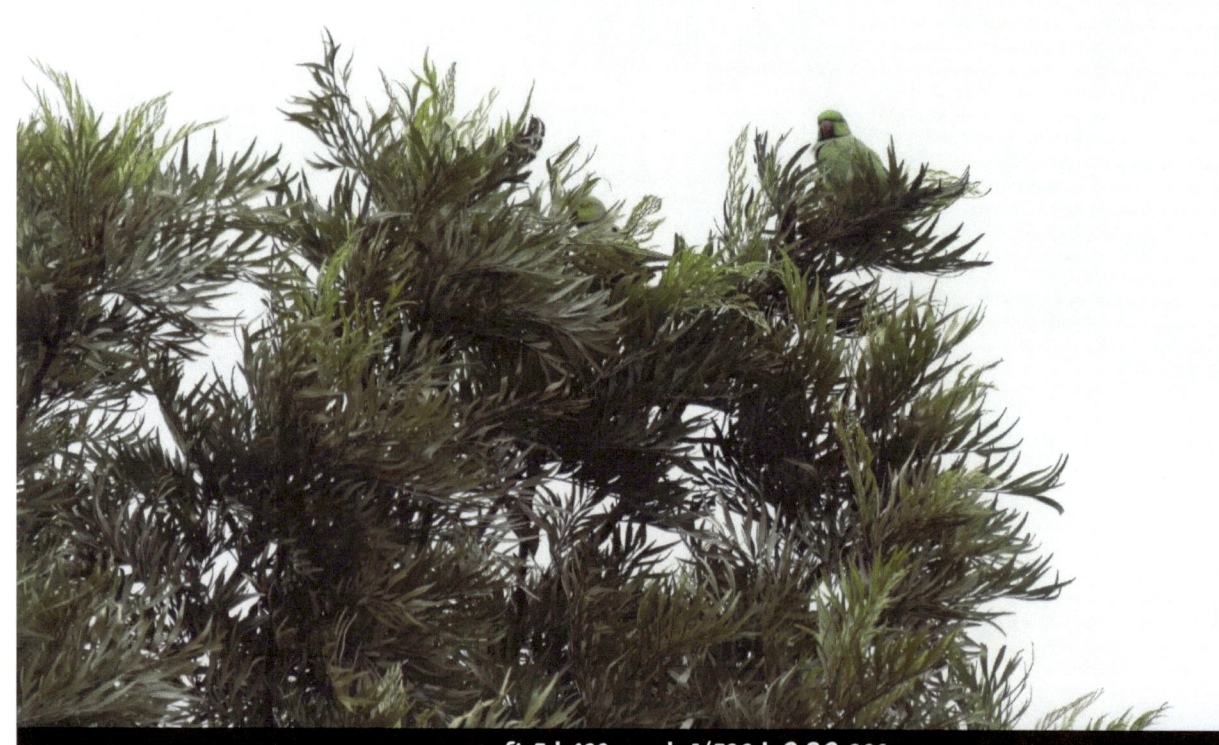

f6.3 | 400 mm | 1/320 | ISO 800

Looking at the world beneath me

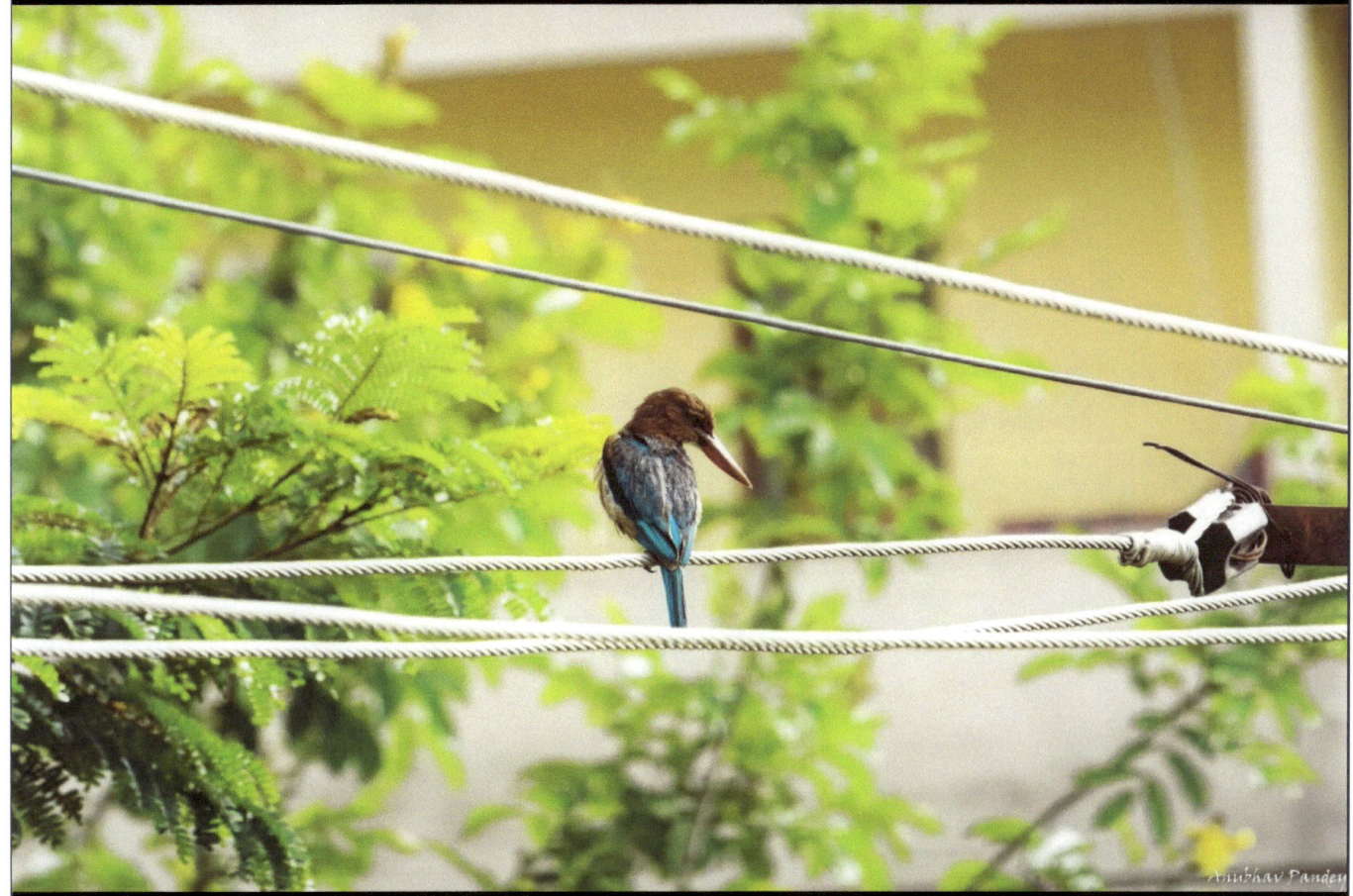

f14 | 400 mm | 1/2000 | ISO 12800

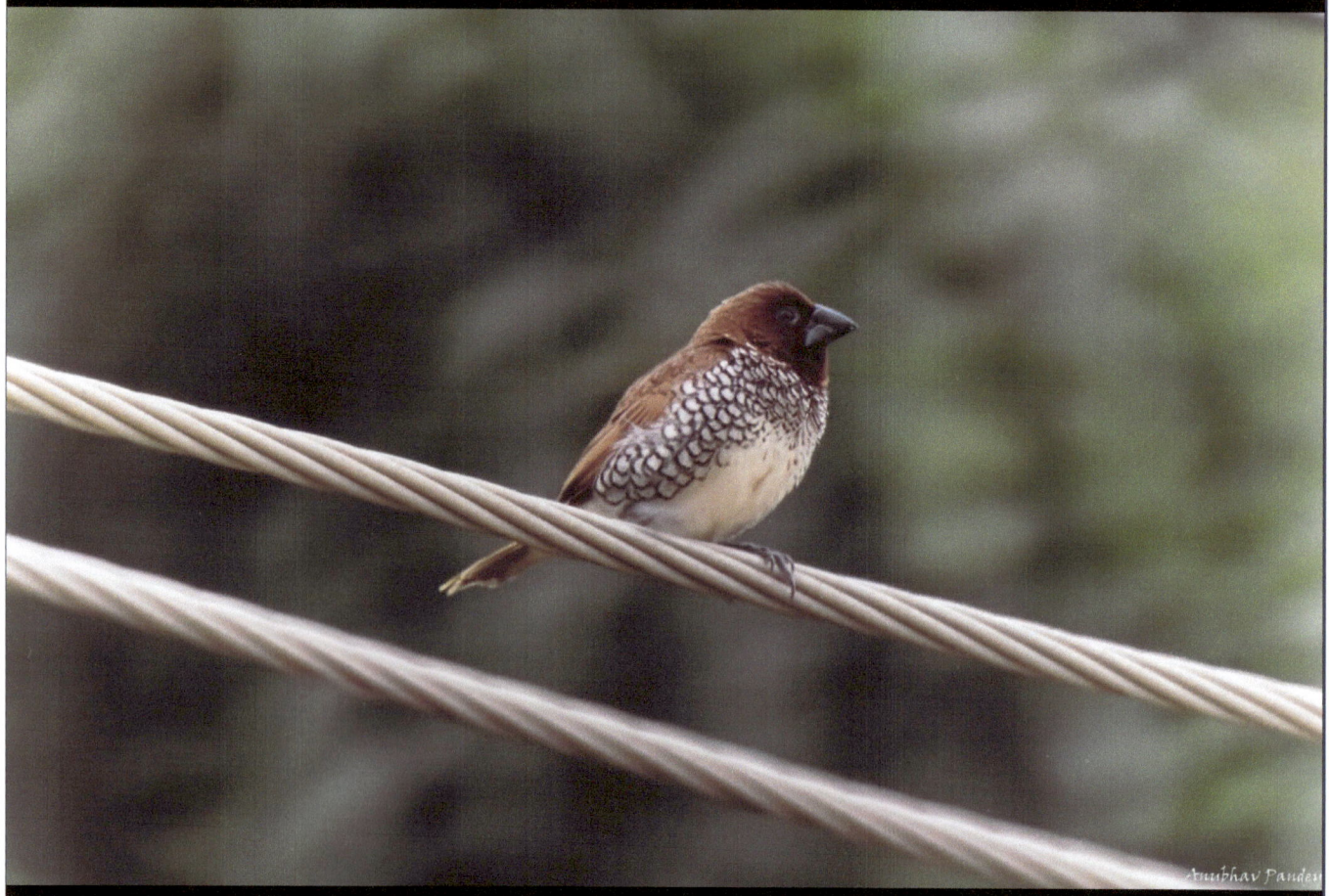

f6.3 | 400 mm | 1/160 | ISO 320

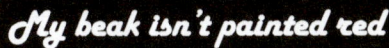

My beak isn't painted red

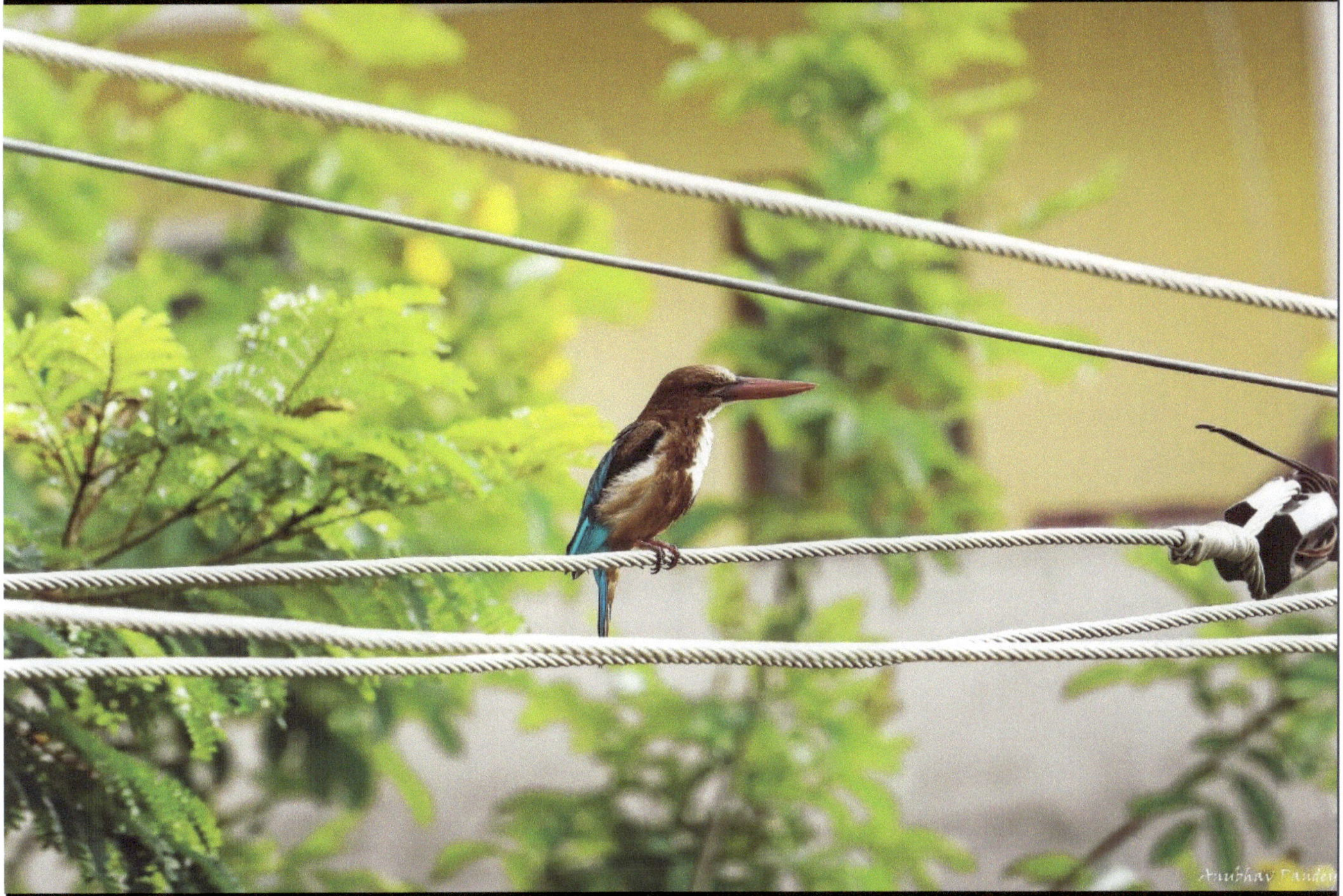

f14 | 400 mm | 1/2000 | ISO 12800

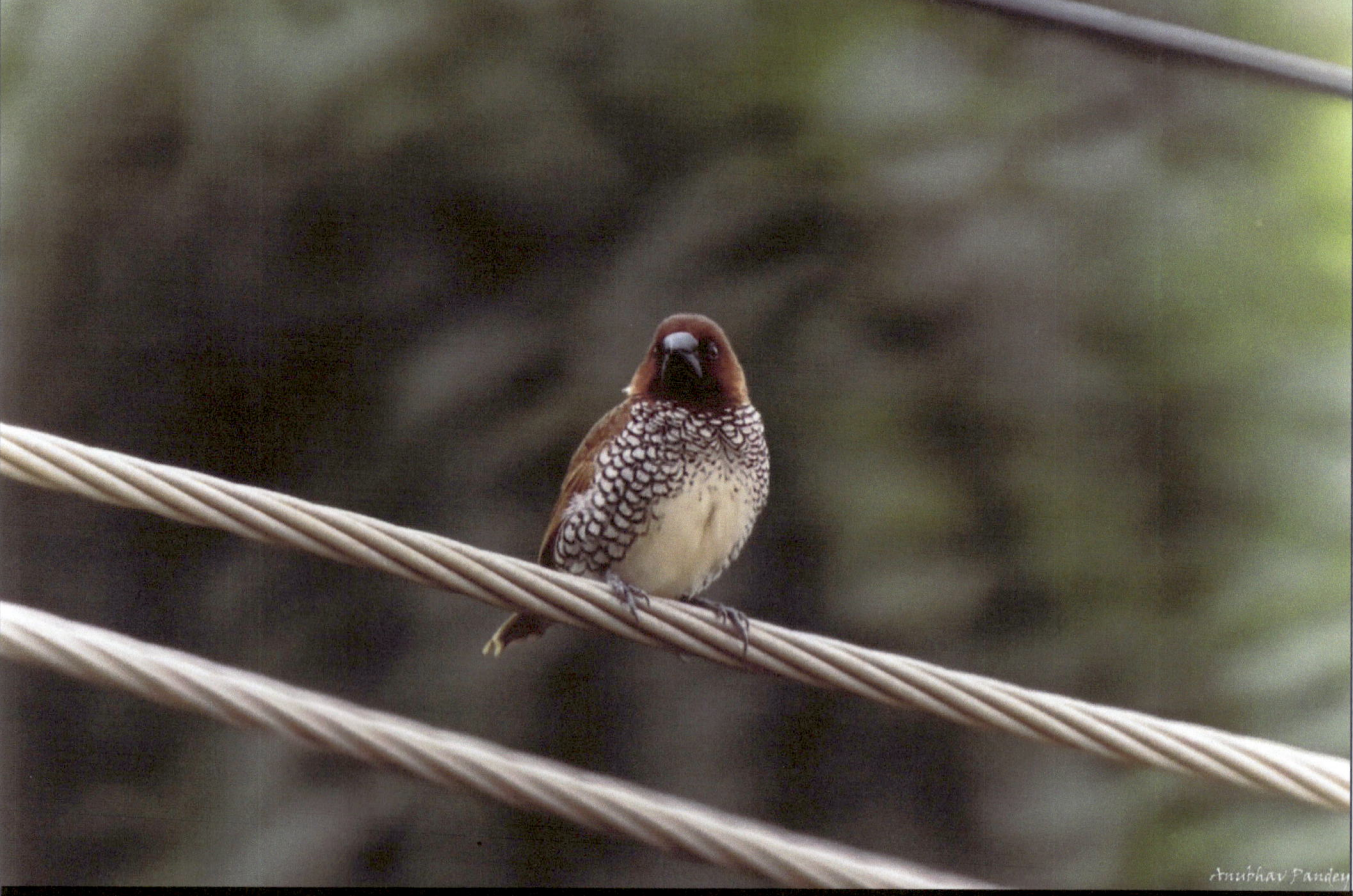

Watching you

f6.3 | 400 mm | 1/160 | ISO 320

Anubhav Pandey

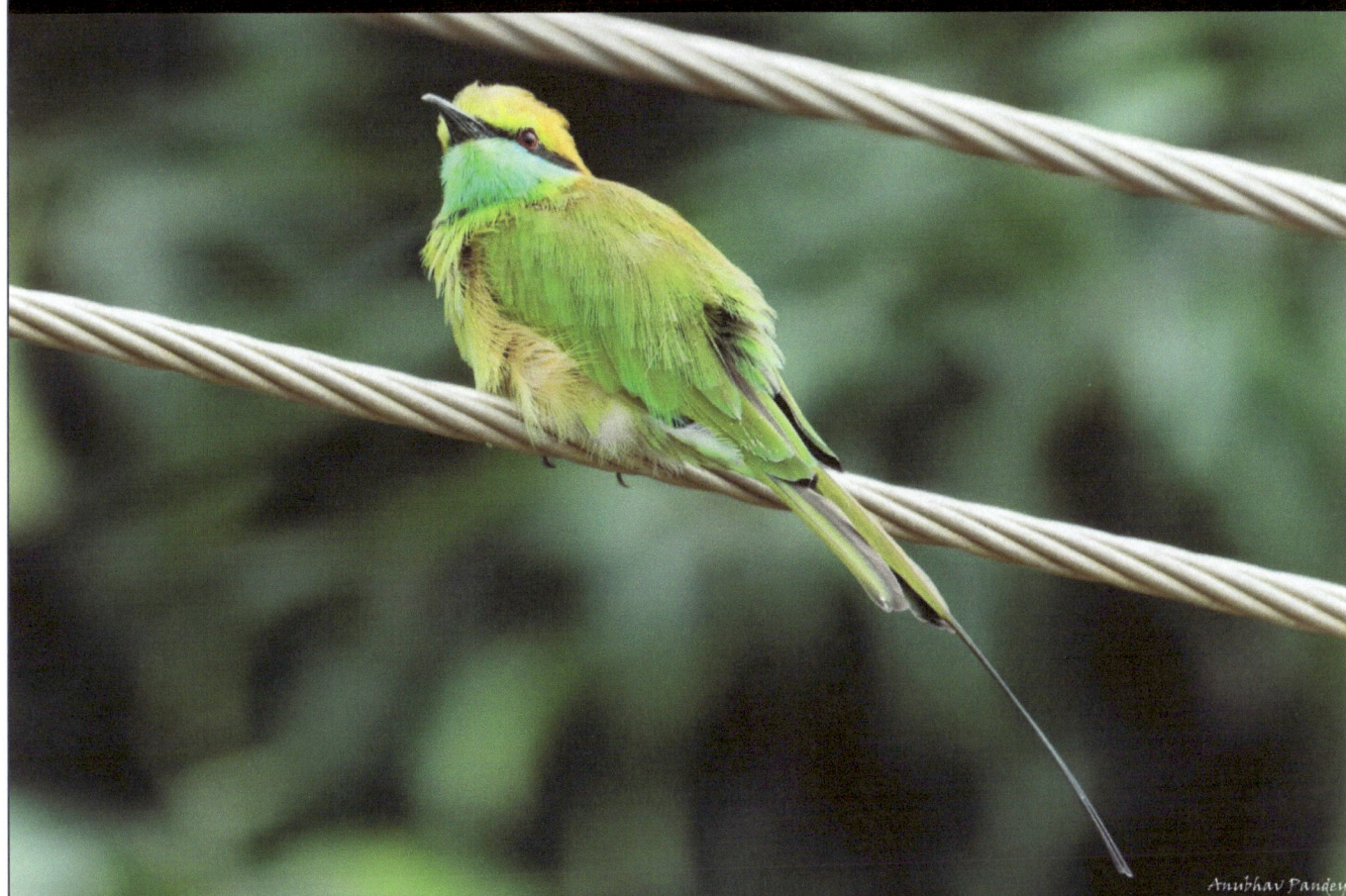

I see you

f6.3 | 400 mm | 1/320 | ISO 800

Anubhav Pandey

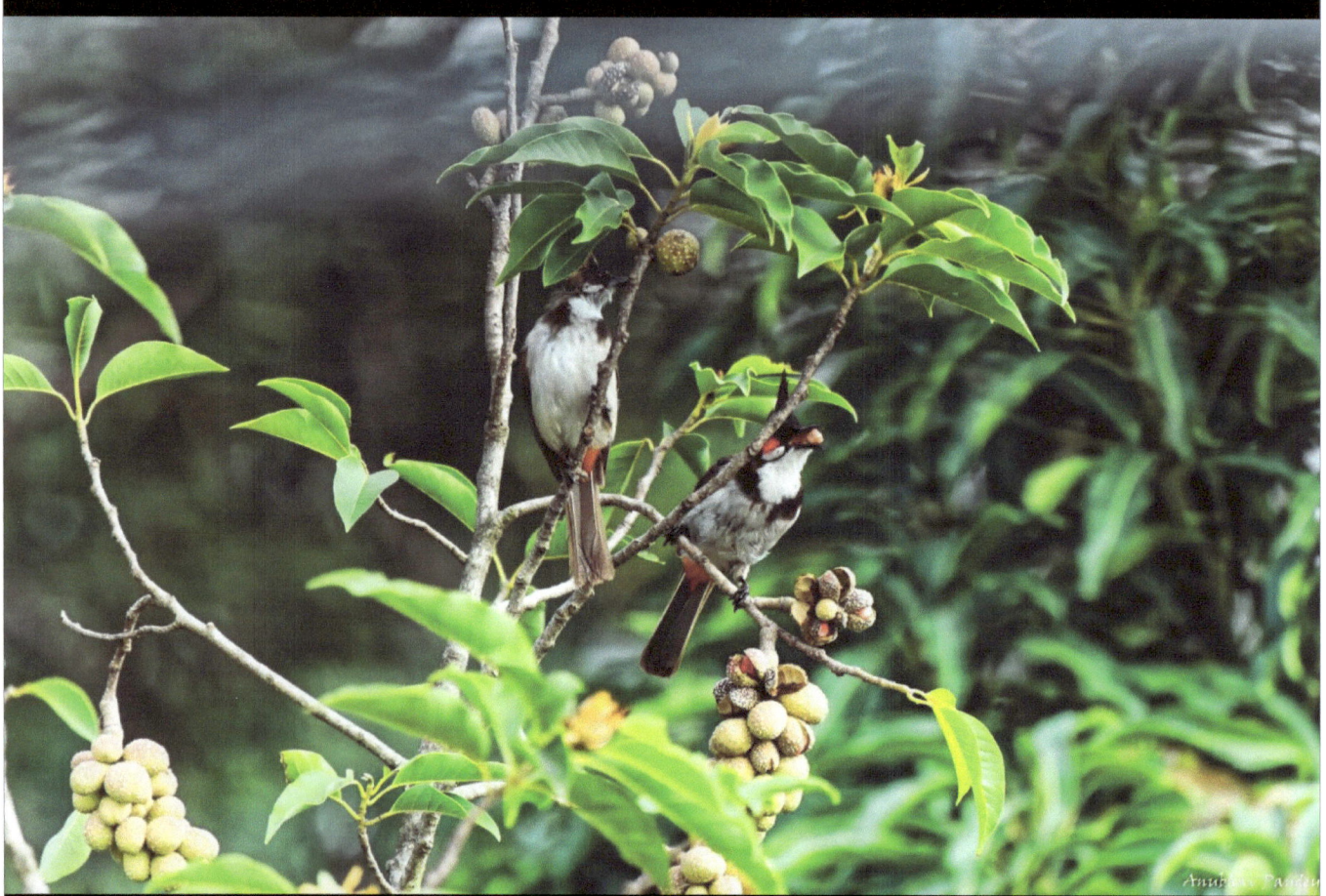

f6.3 | 400 mm | 1/640 | ISO 800

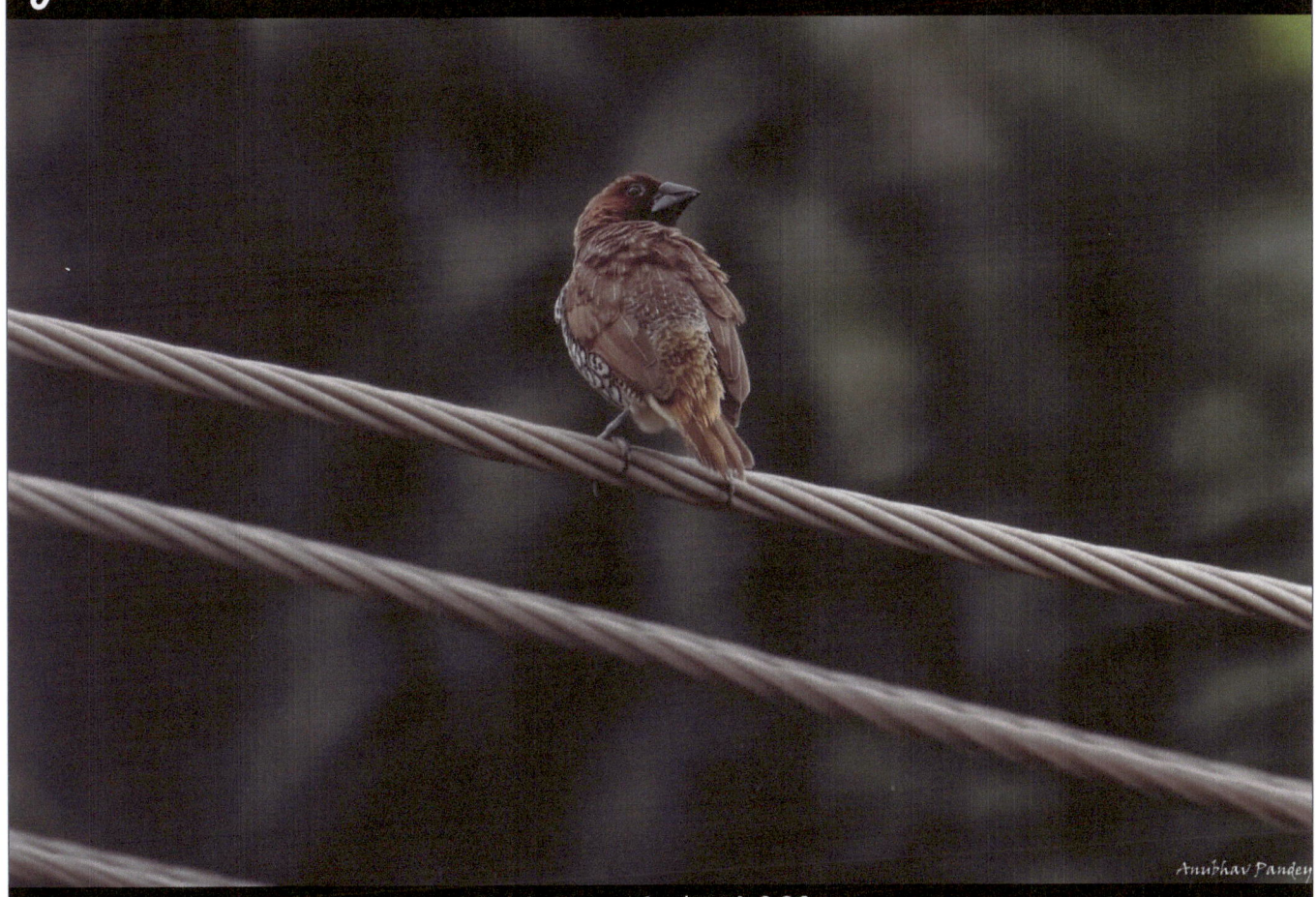

You are a head turner

f6.3 | 400 mm | 1/320 | ISO 800

Anubhav Pandey

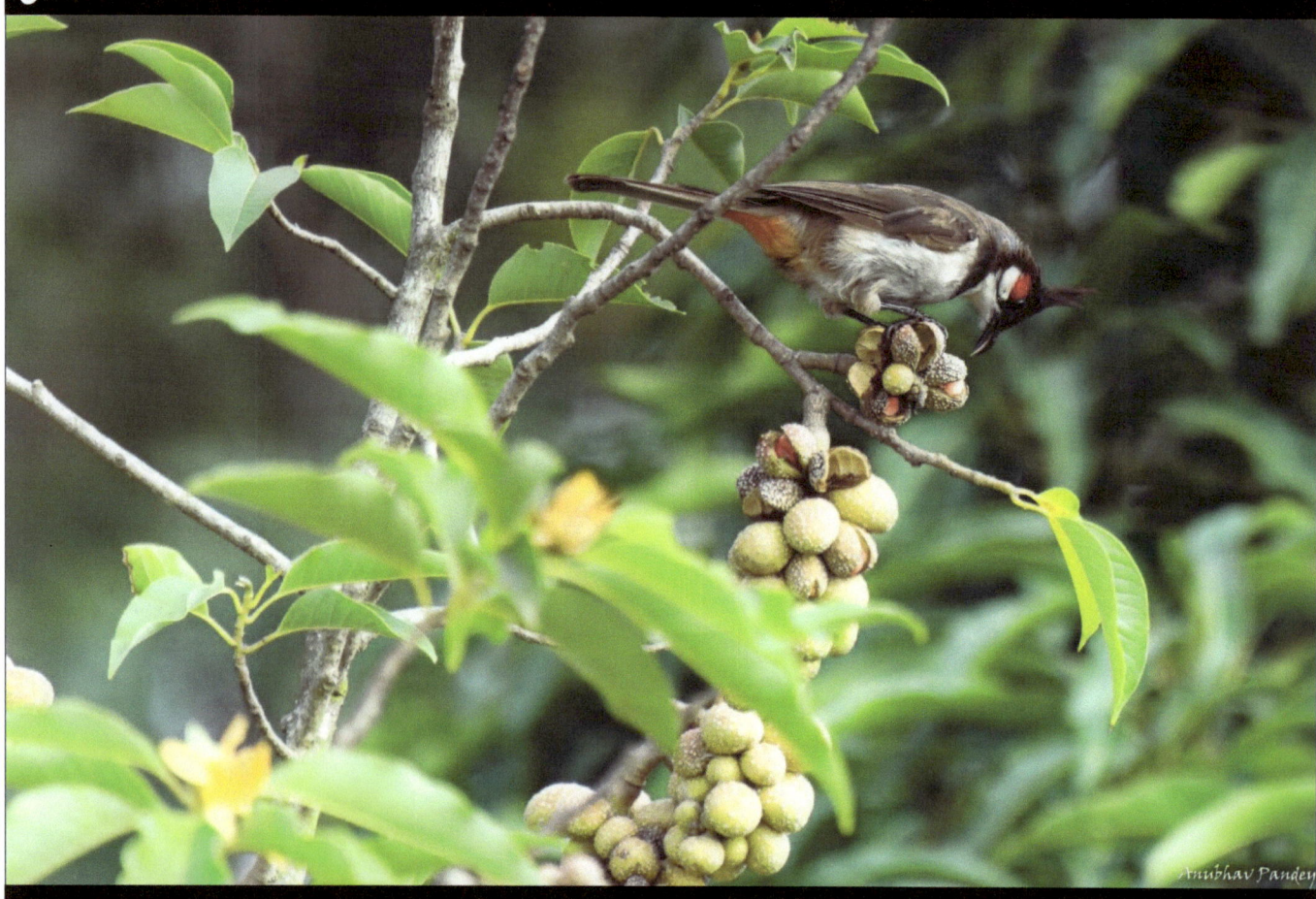

f6.3 | 400 mm | 1/640 | ISO 800

Anubhav Pandey

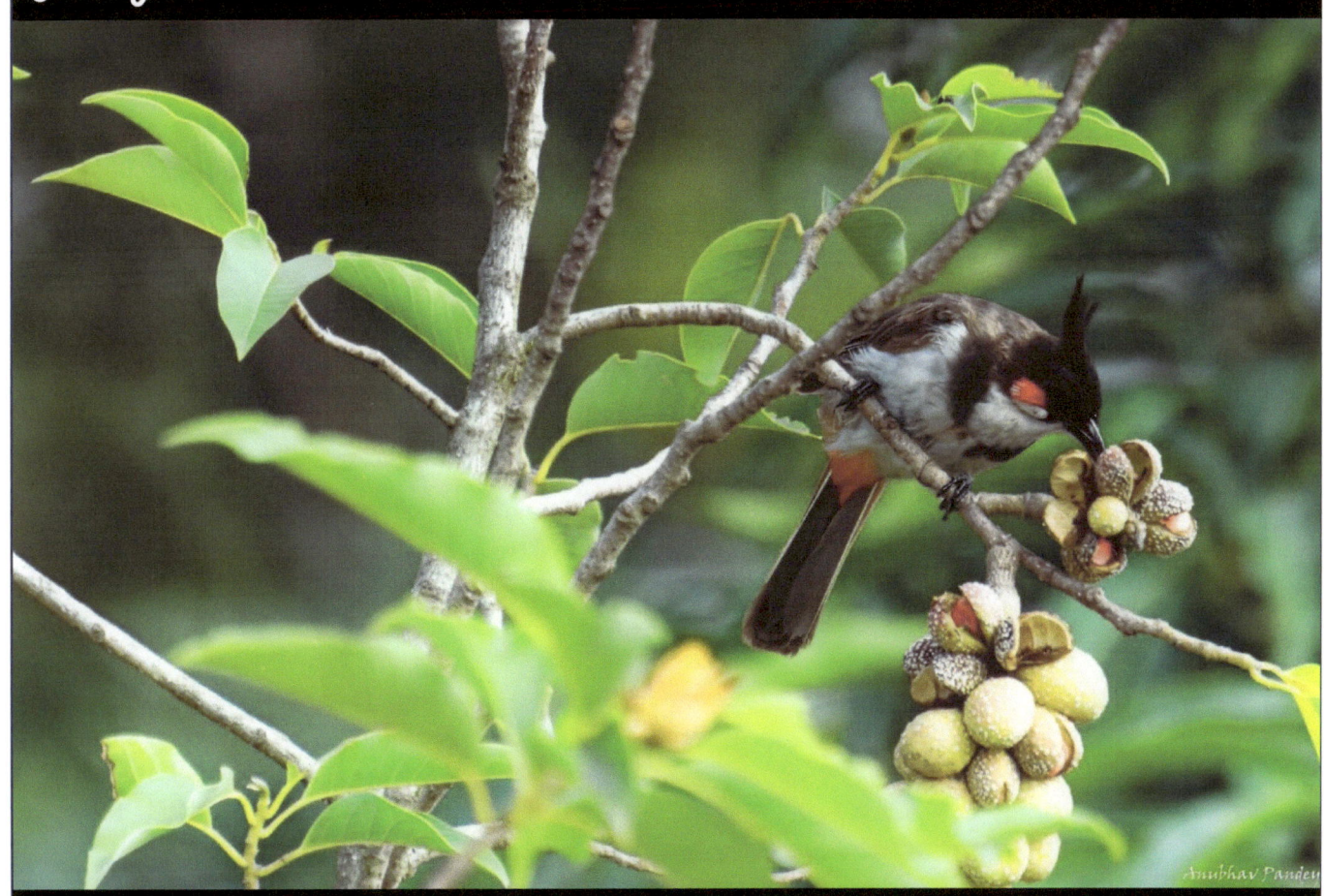

Tastes good

f6.3 | 400 mm | 1/640 | ISO 800

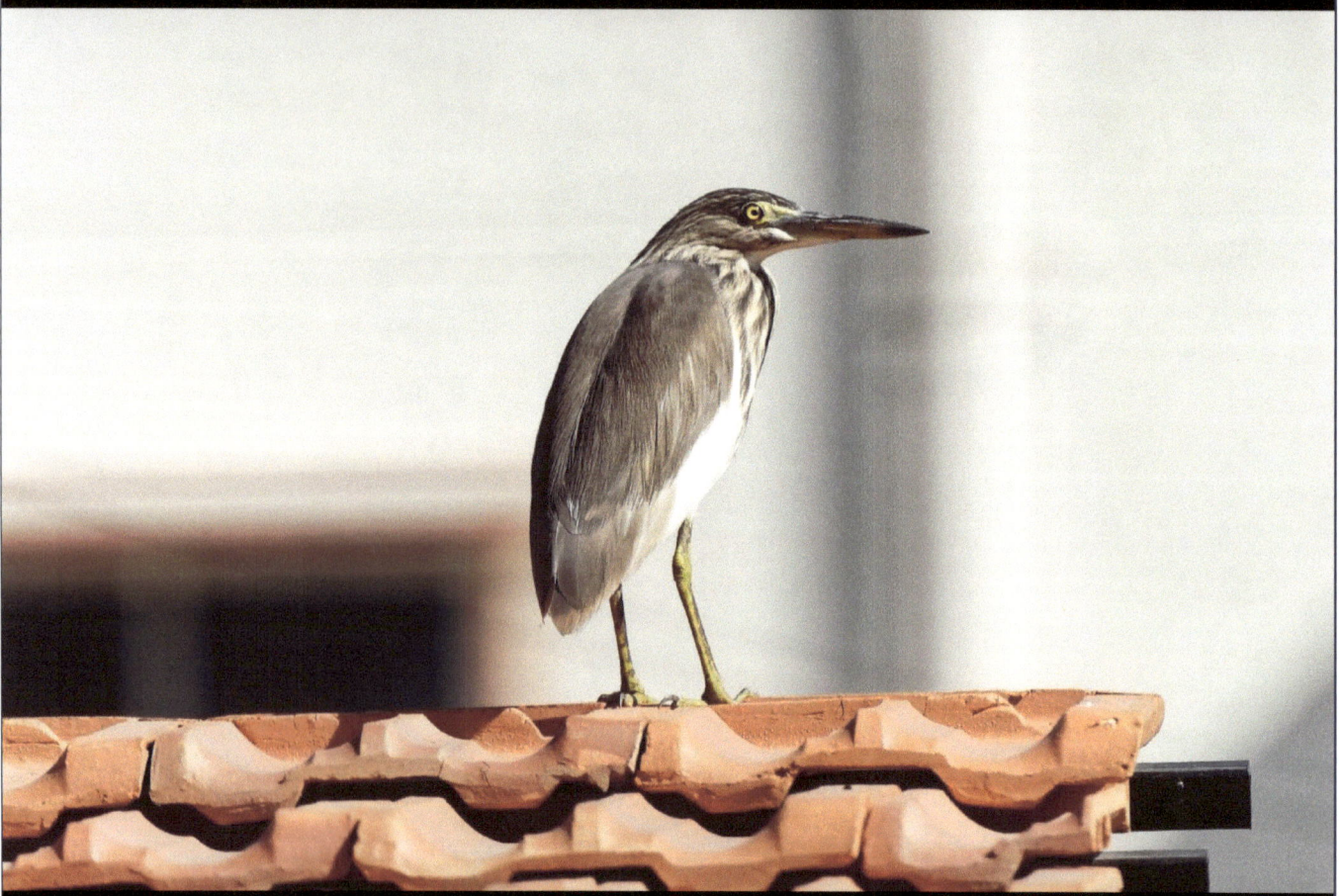

f6.3 | 400 mm | 1/3200 | ISO 1000

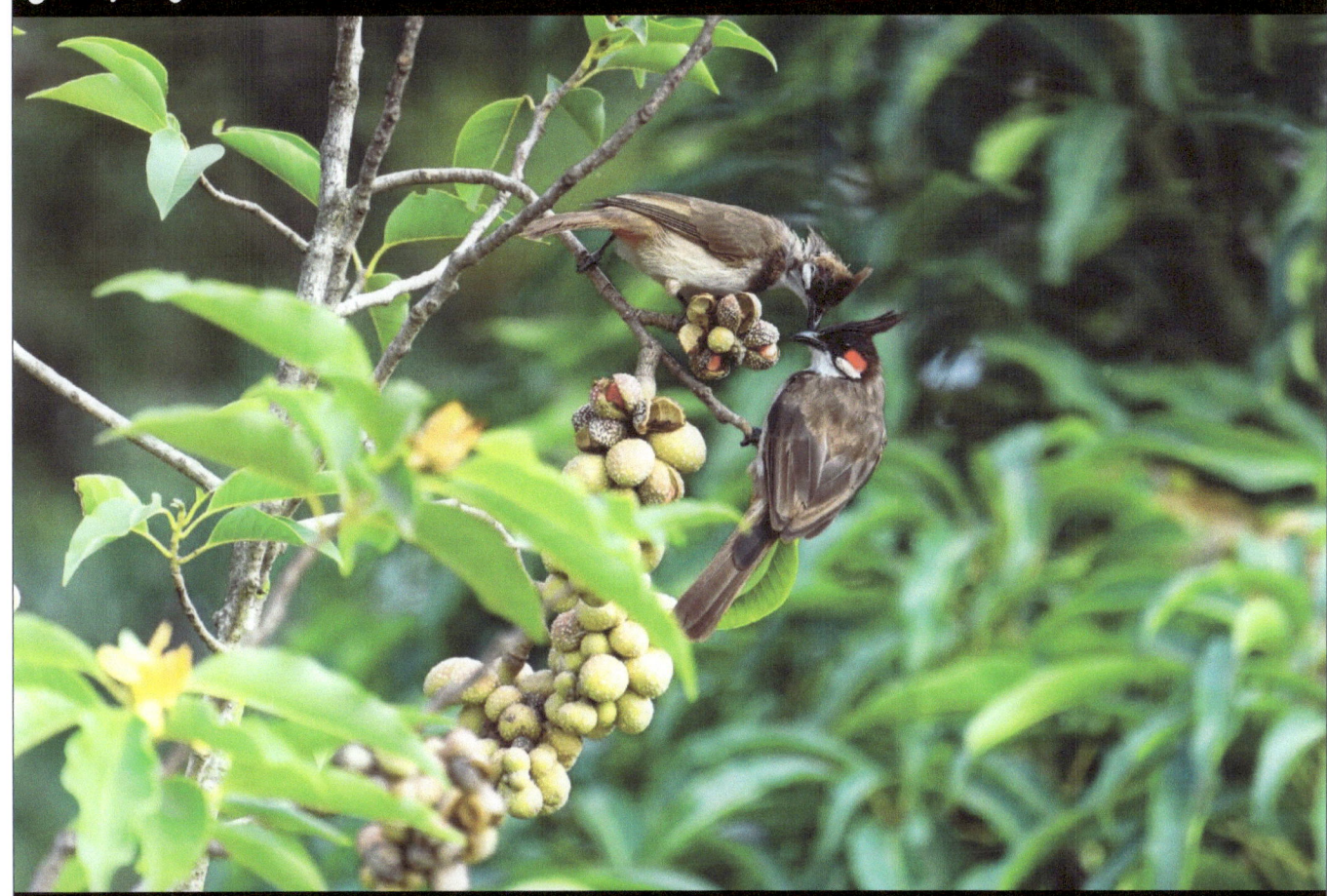

f6.3 | 400 mm | 1/640 | ISO 800

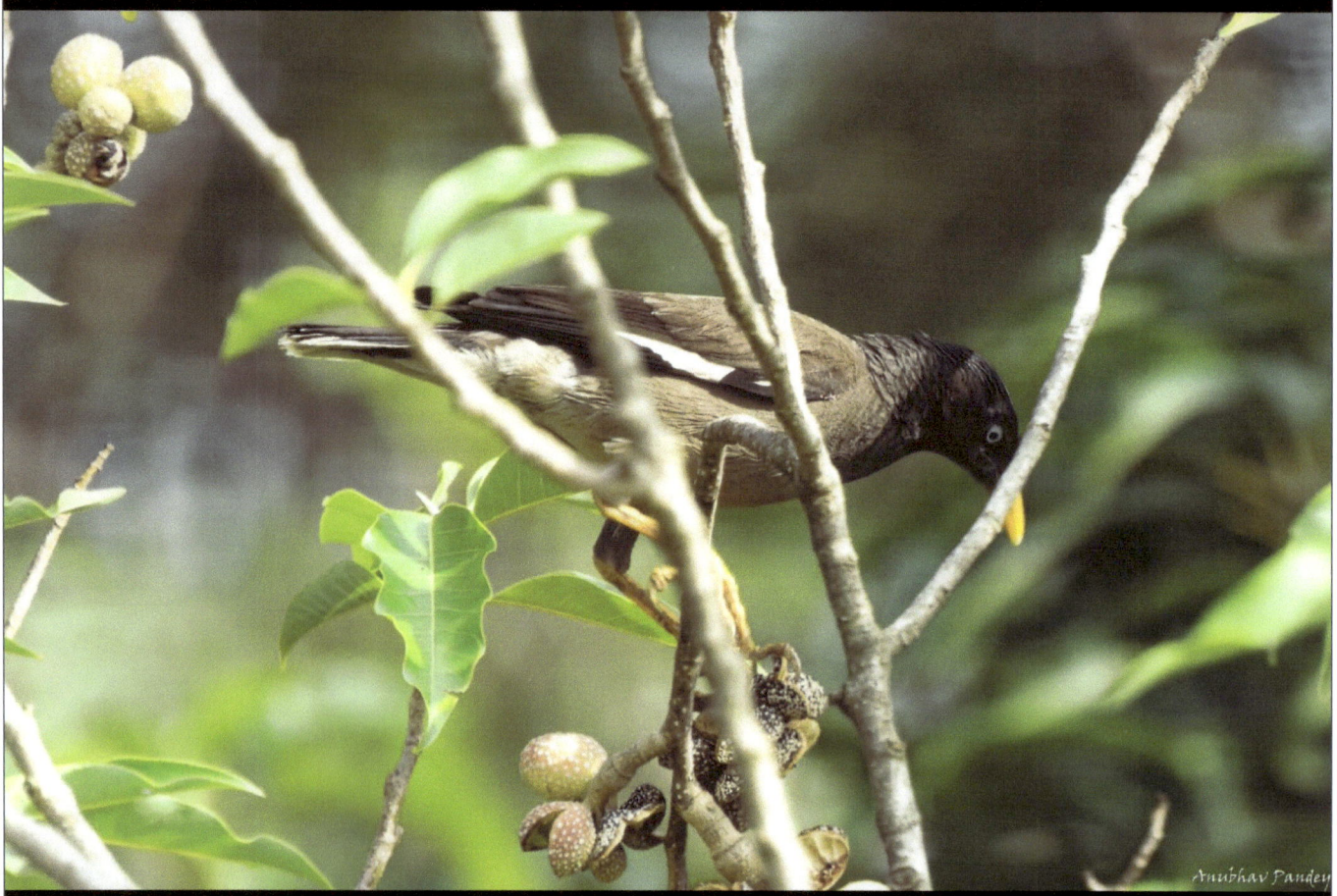

f6.3 | 400 mm | 1/640 | ISO 800

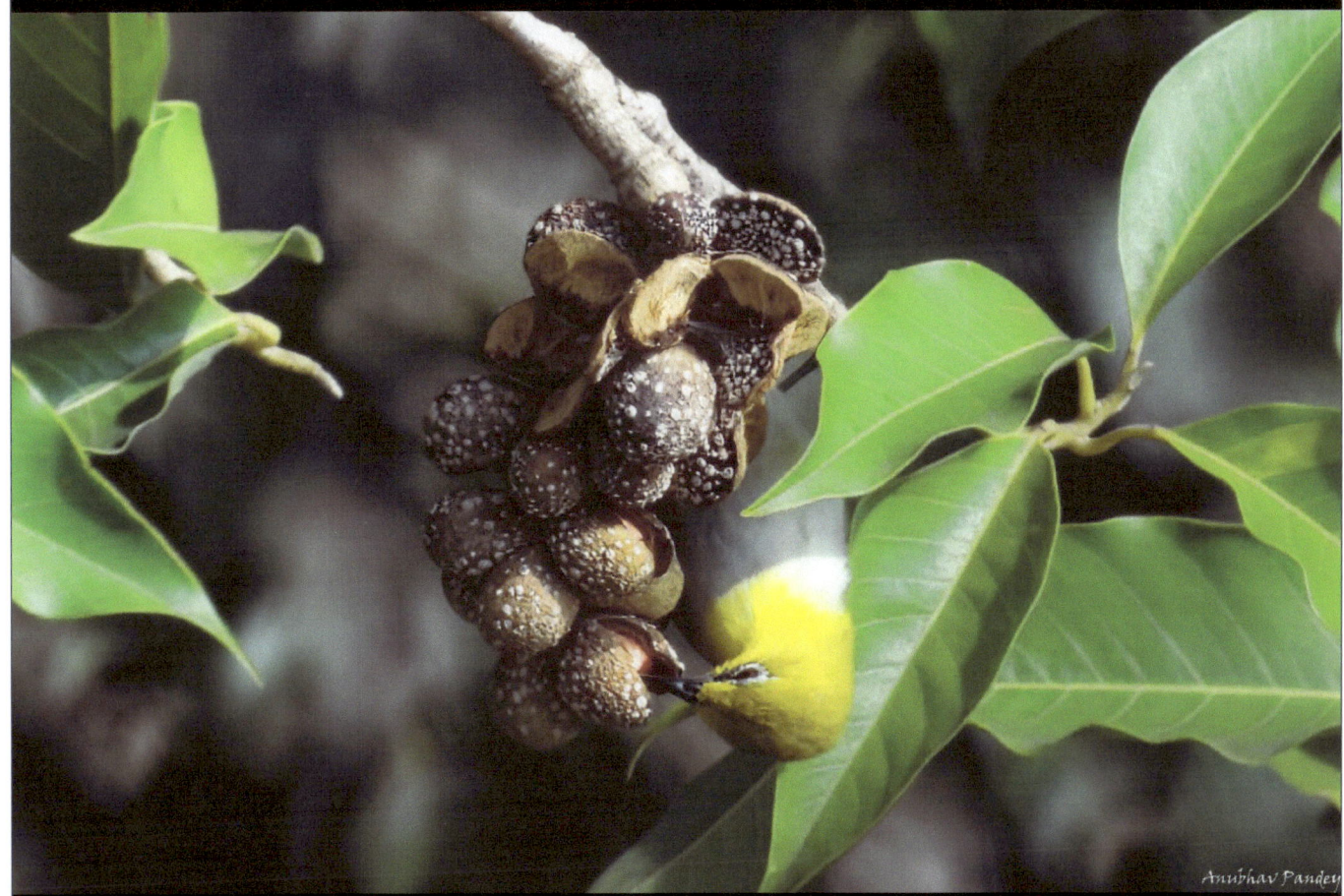

I like eating alone

f6.3 | 400 mm | 1/640 | ISO 800

Anubhav Pandey

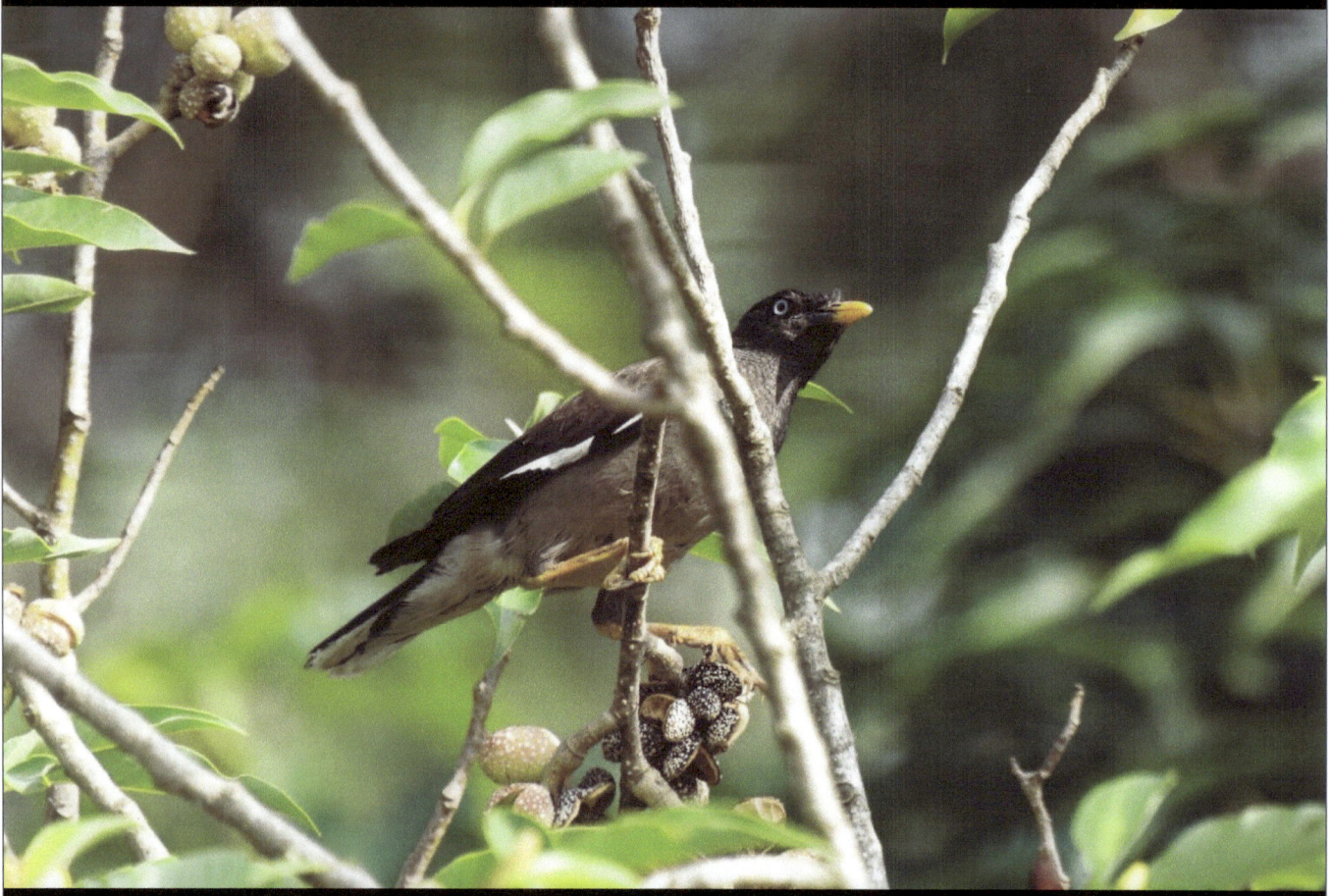

f6.3 | 400 mm | 1/640 | ISO 800

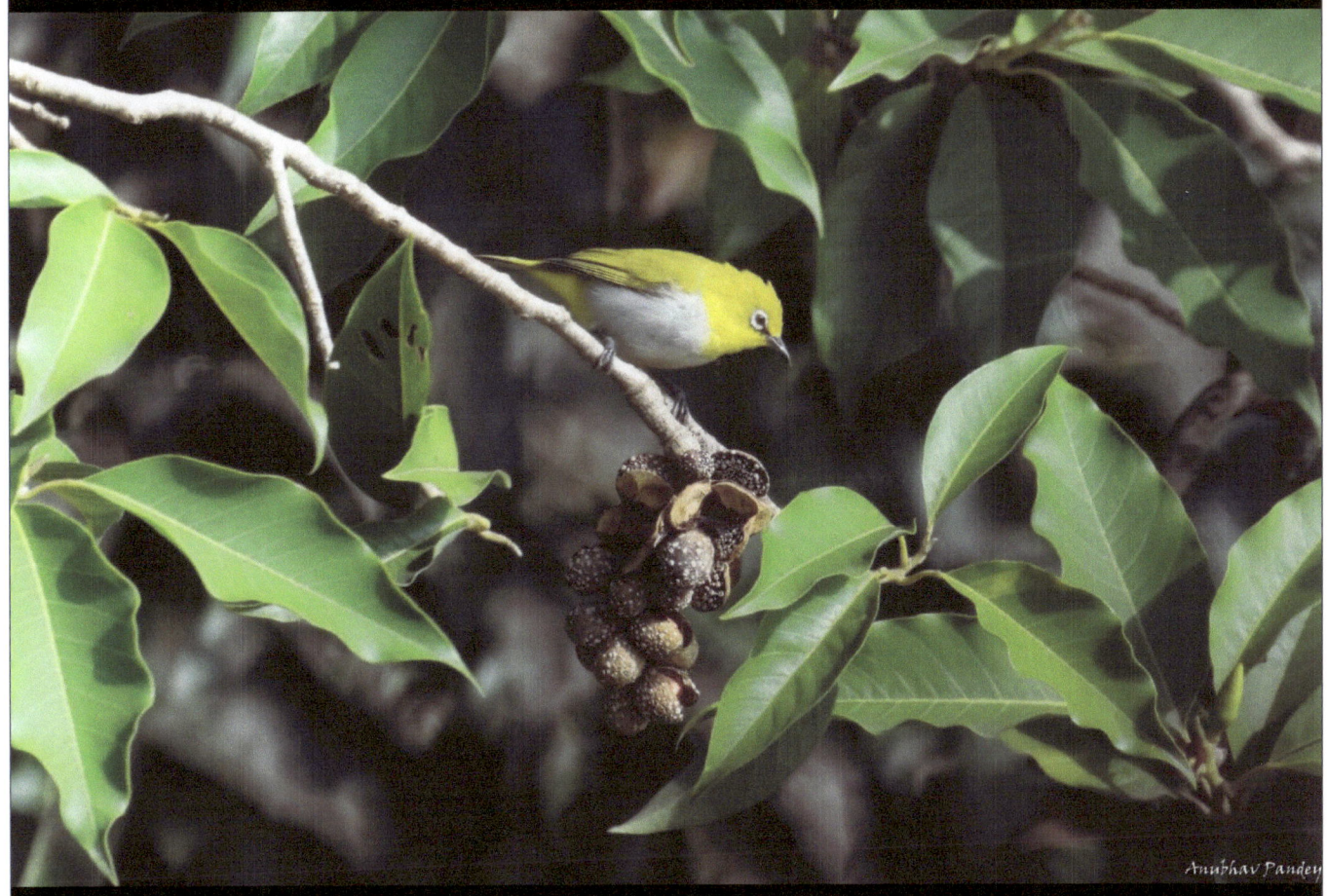

To eat or not to eat

f14 | 400 mm | 1/2000 | ISO 12800

Anubhav Pandey

Chapter Two: Flowers

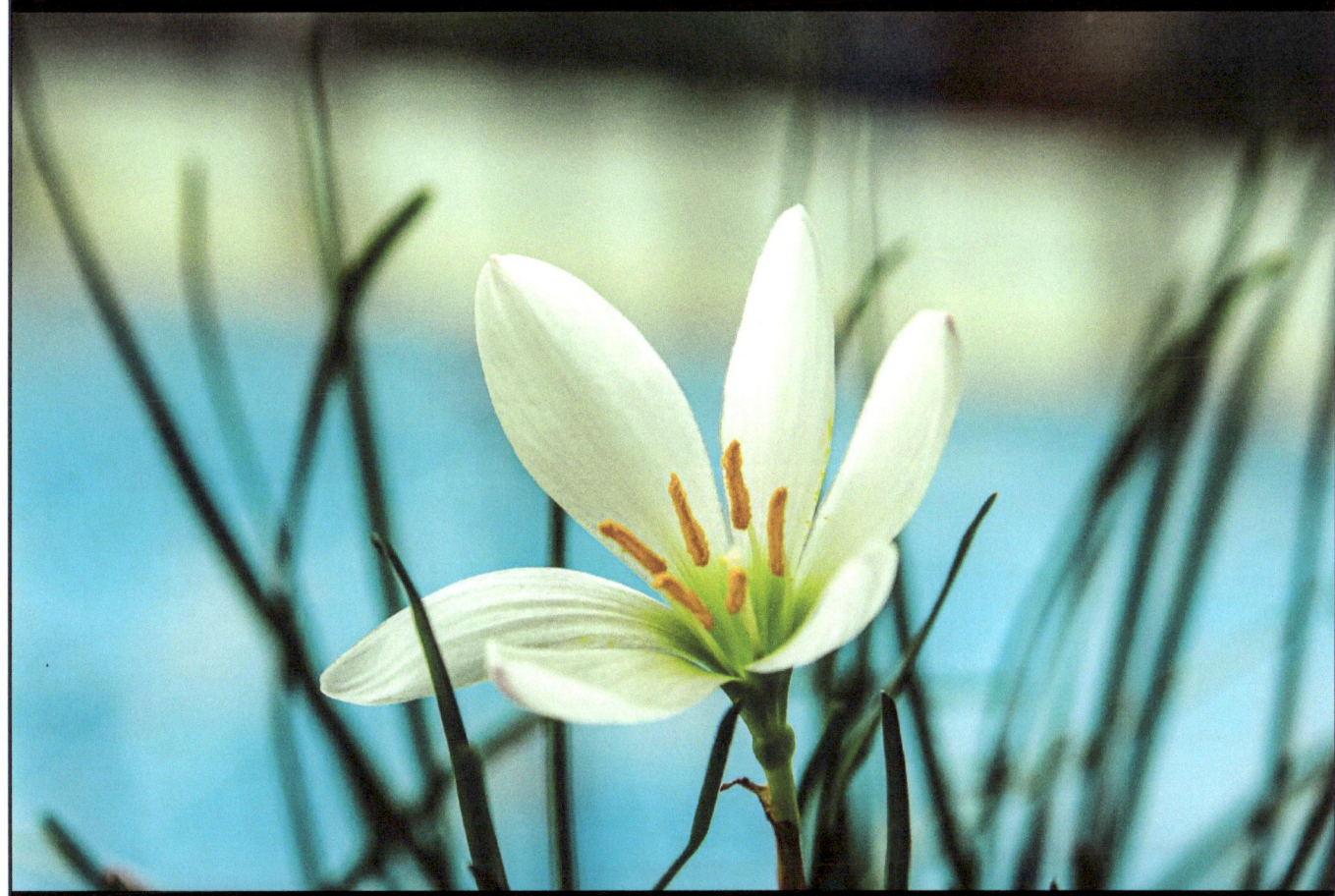

Rain lover

f4 | 200 mm | 1/150 | ISO 3200

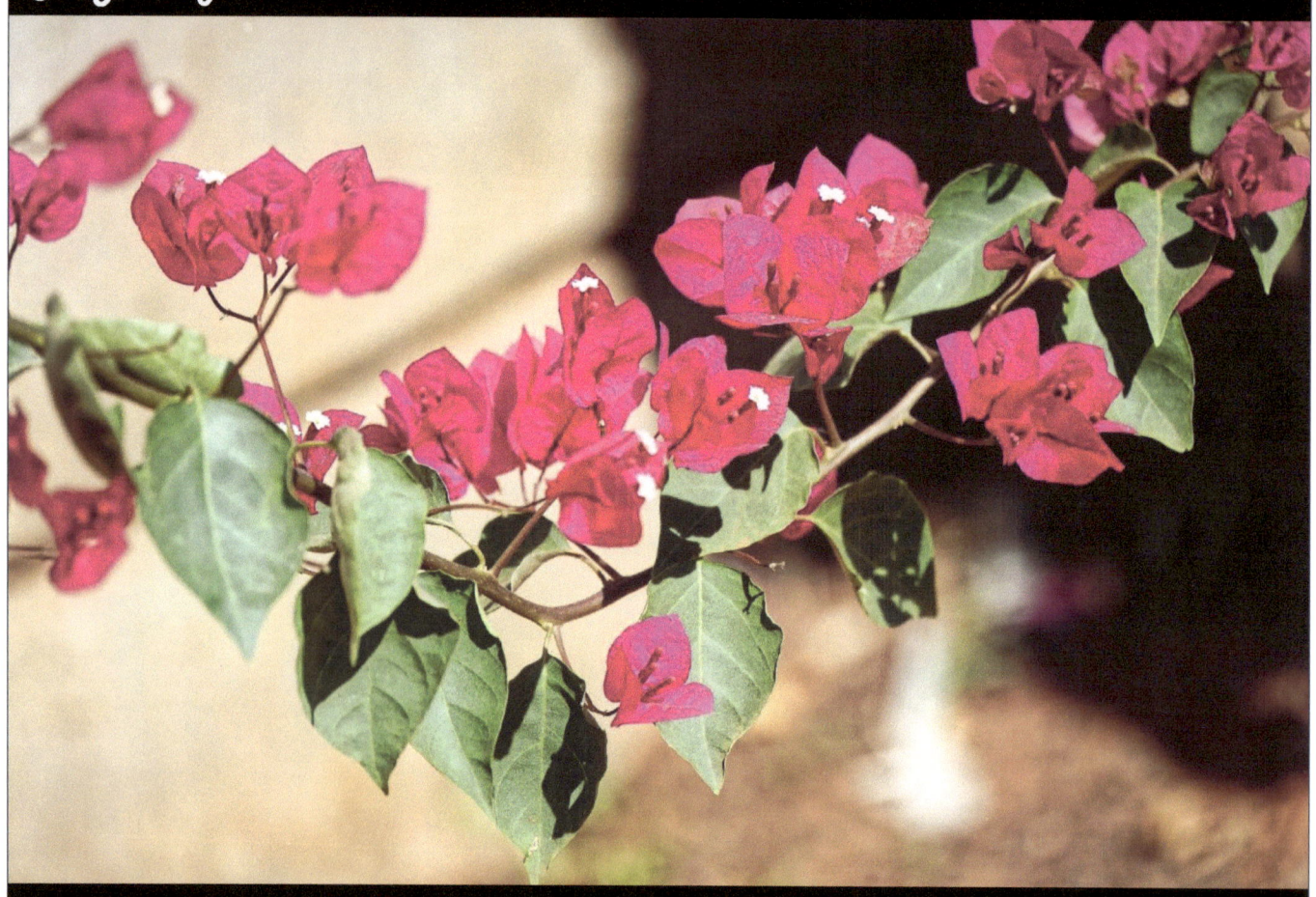

Sun Bathing

f6.3 | 309 mm | 1/4000 | ISO 1600

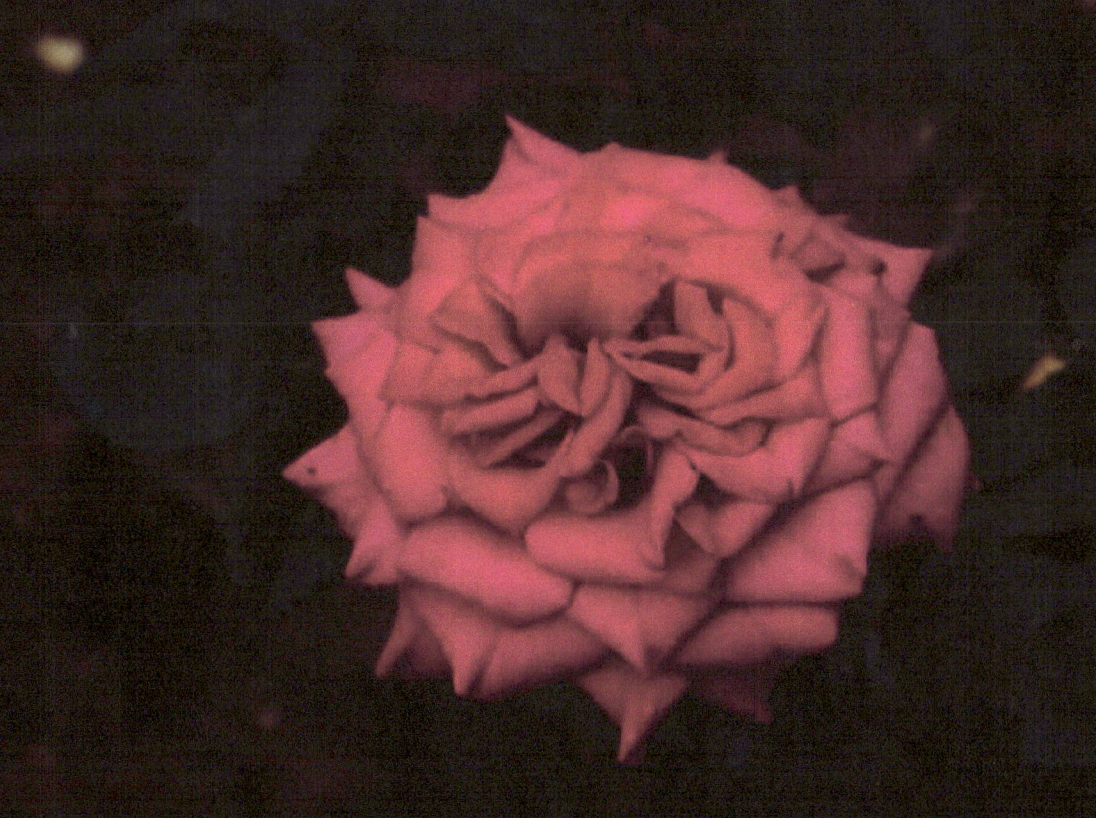

Anubhav Pandey

f18 | 174 mm | 1/800 | ISO 1600

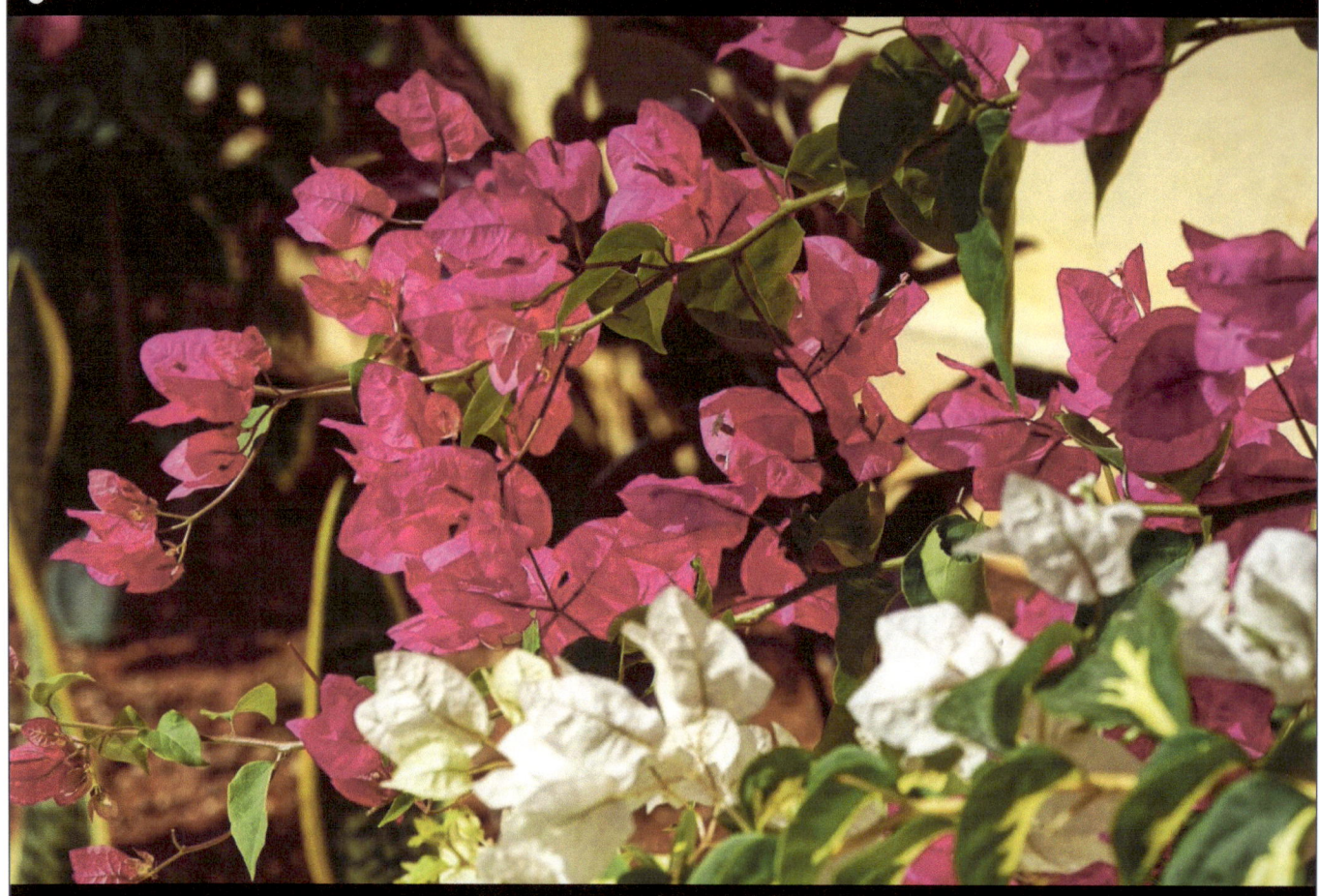

Gloom buster

f9 | 167 mm | 1/8000 | ISO 1600

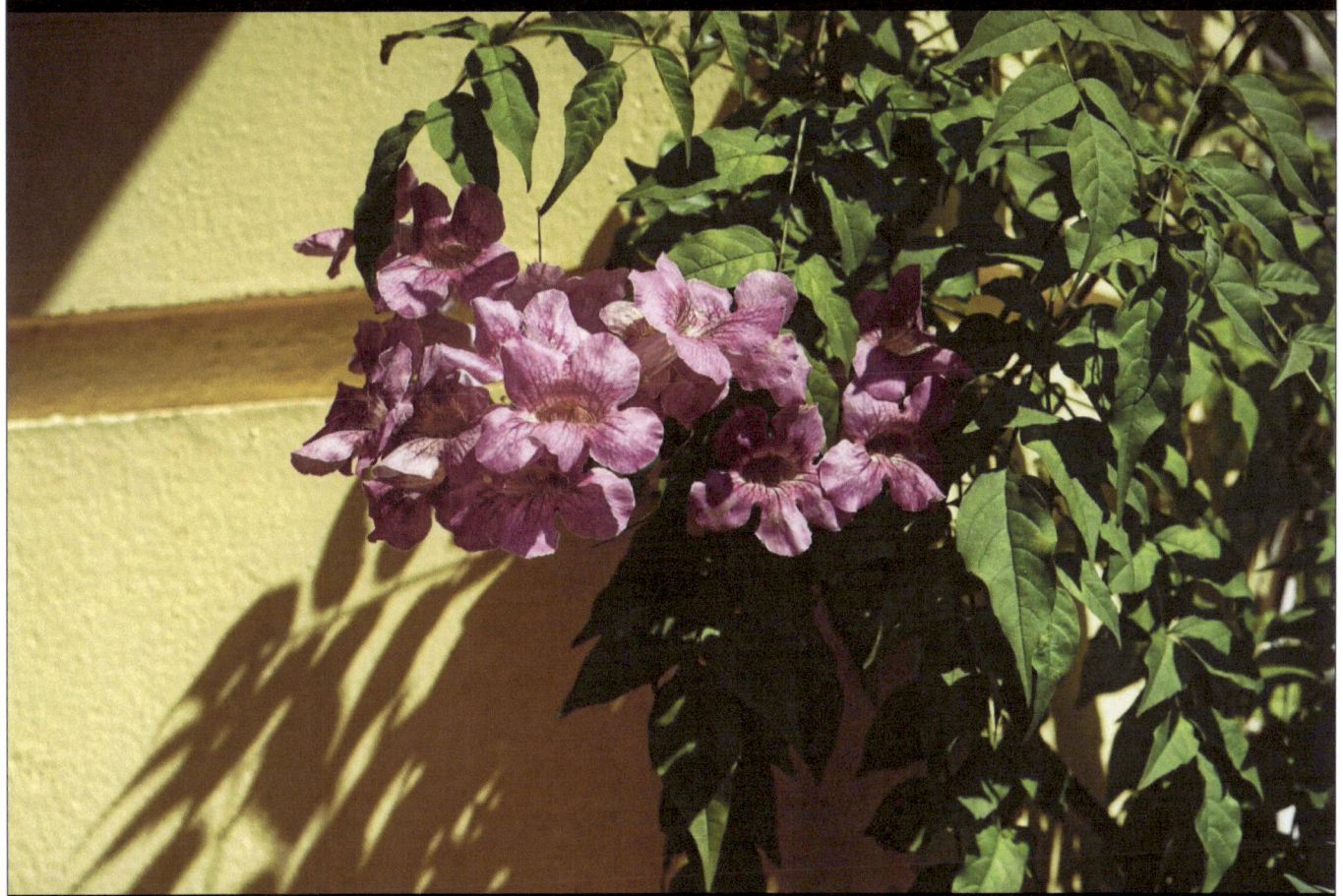

f9 | 125 mm | 1/8000 | ISO 1600

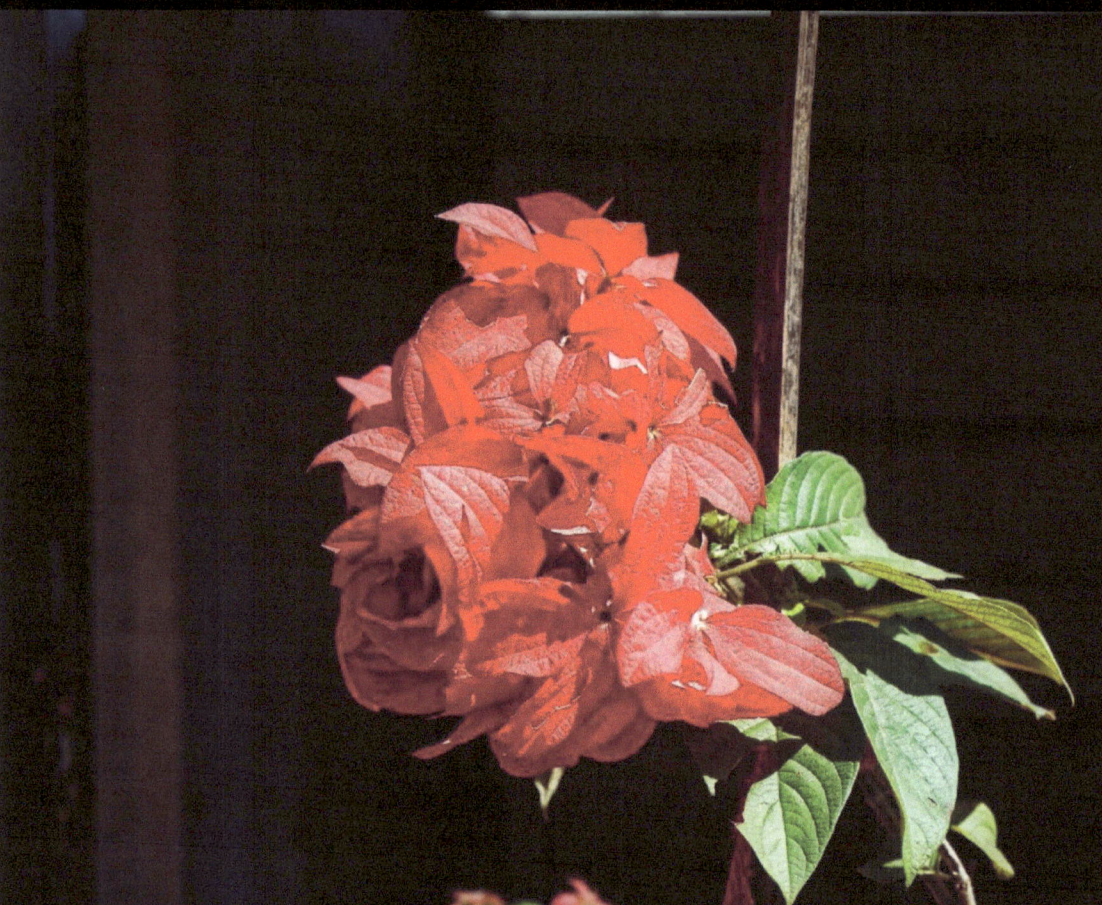

f14 | 400 mm | 1/2000 | ISO 12800

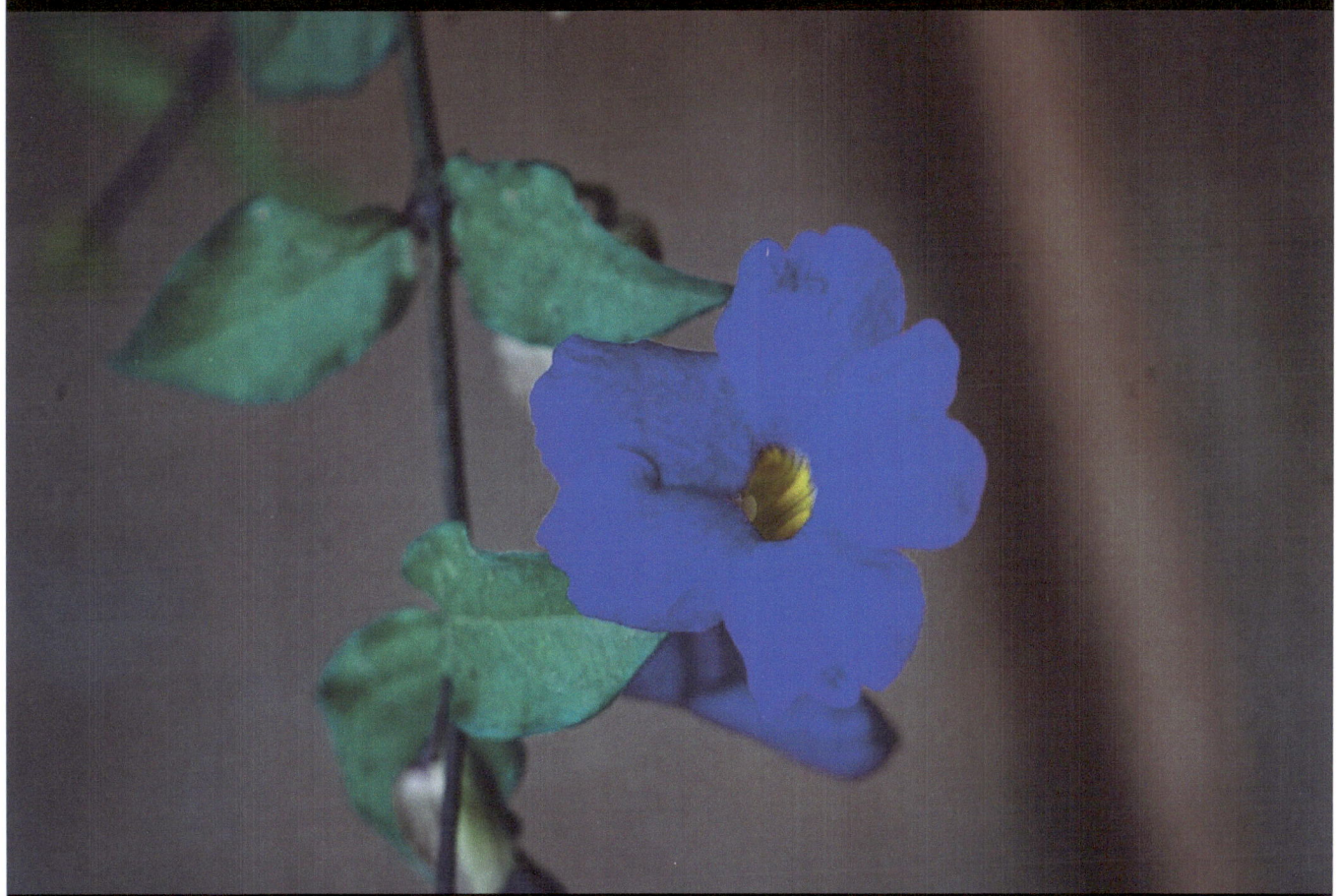

Some call me purple and some call me blue

f6.3 | 400 mm | 1/500 | ISO 1000

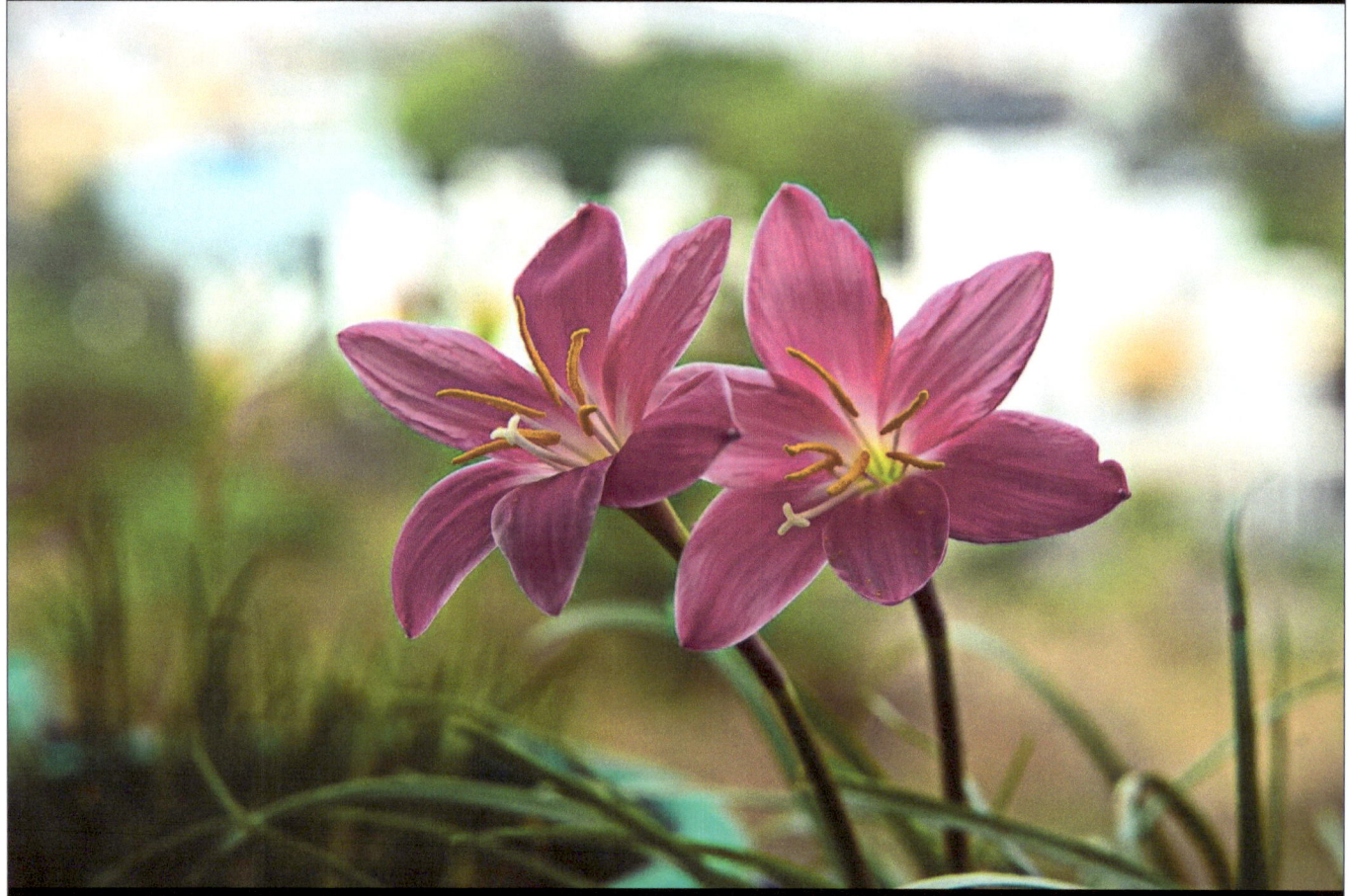

f8 | 54 mm | 1/640 | ISO 800

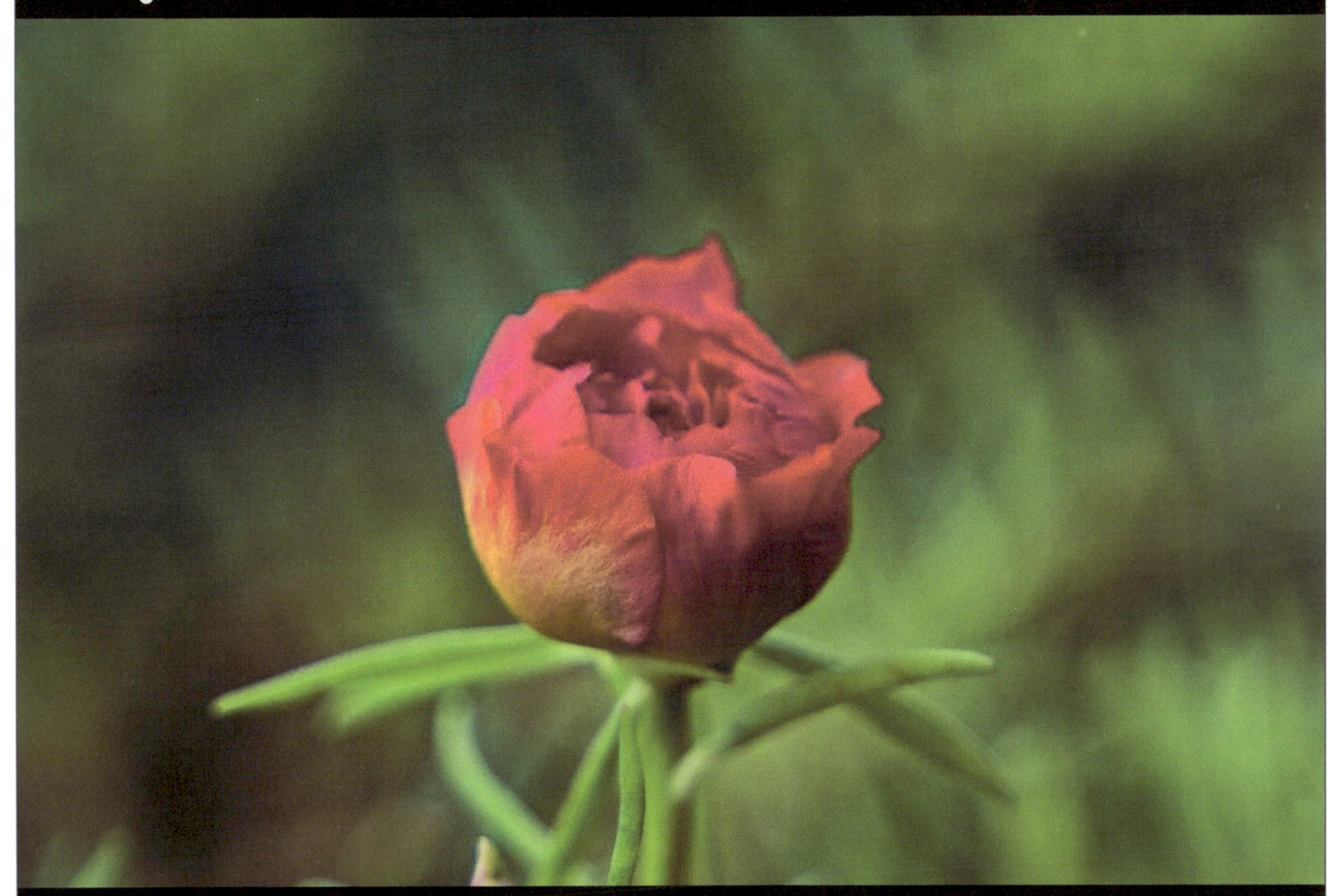

f2.8 | 75 mm | 1/160 | ISO 100

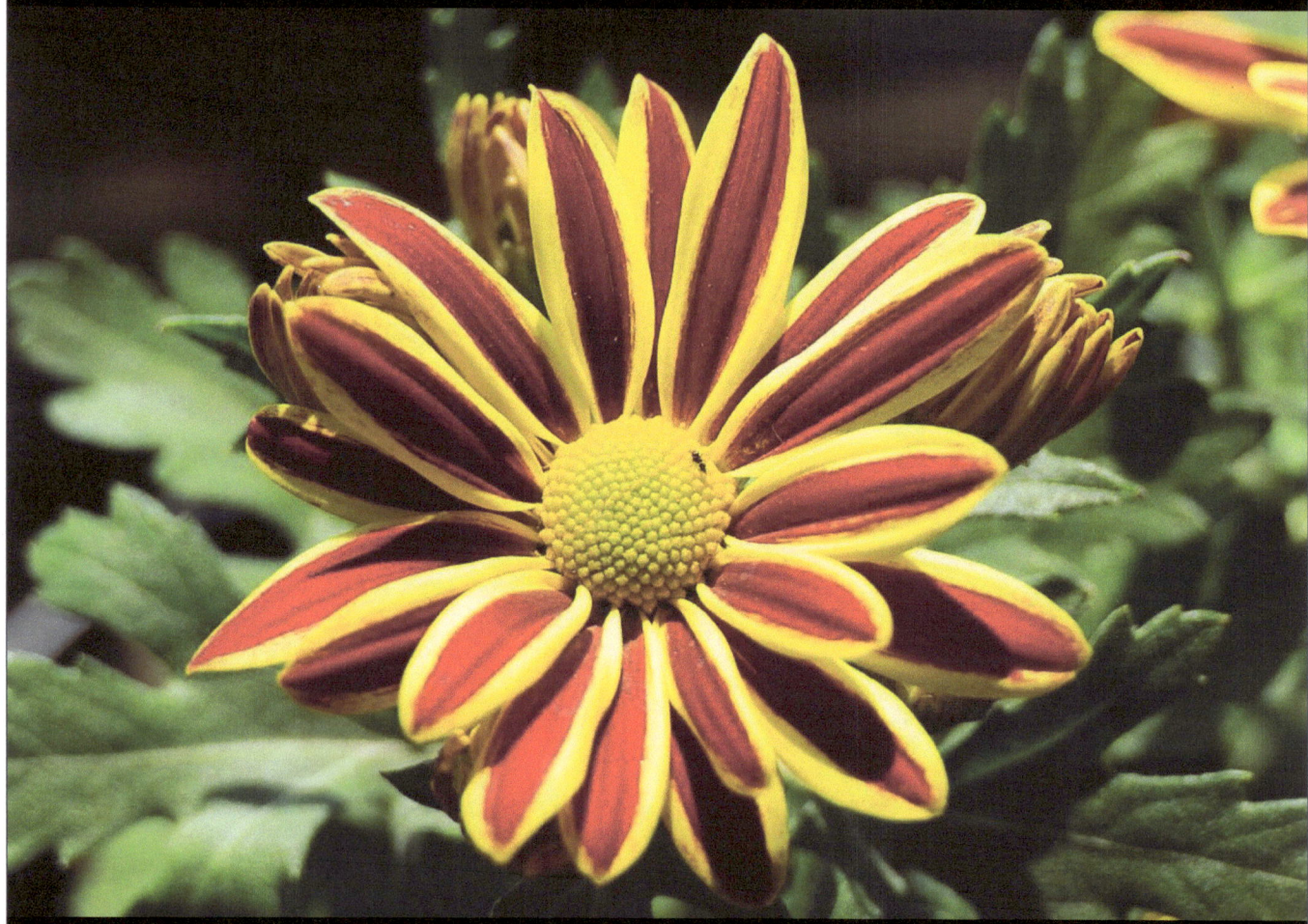

f2.8 | 44 mm | 1/2000 | ISO 100

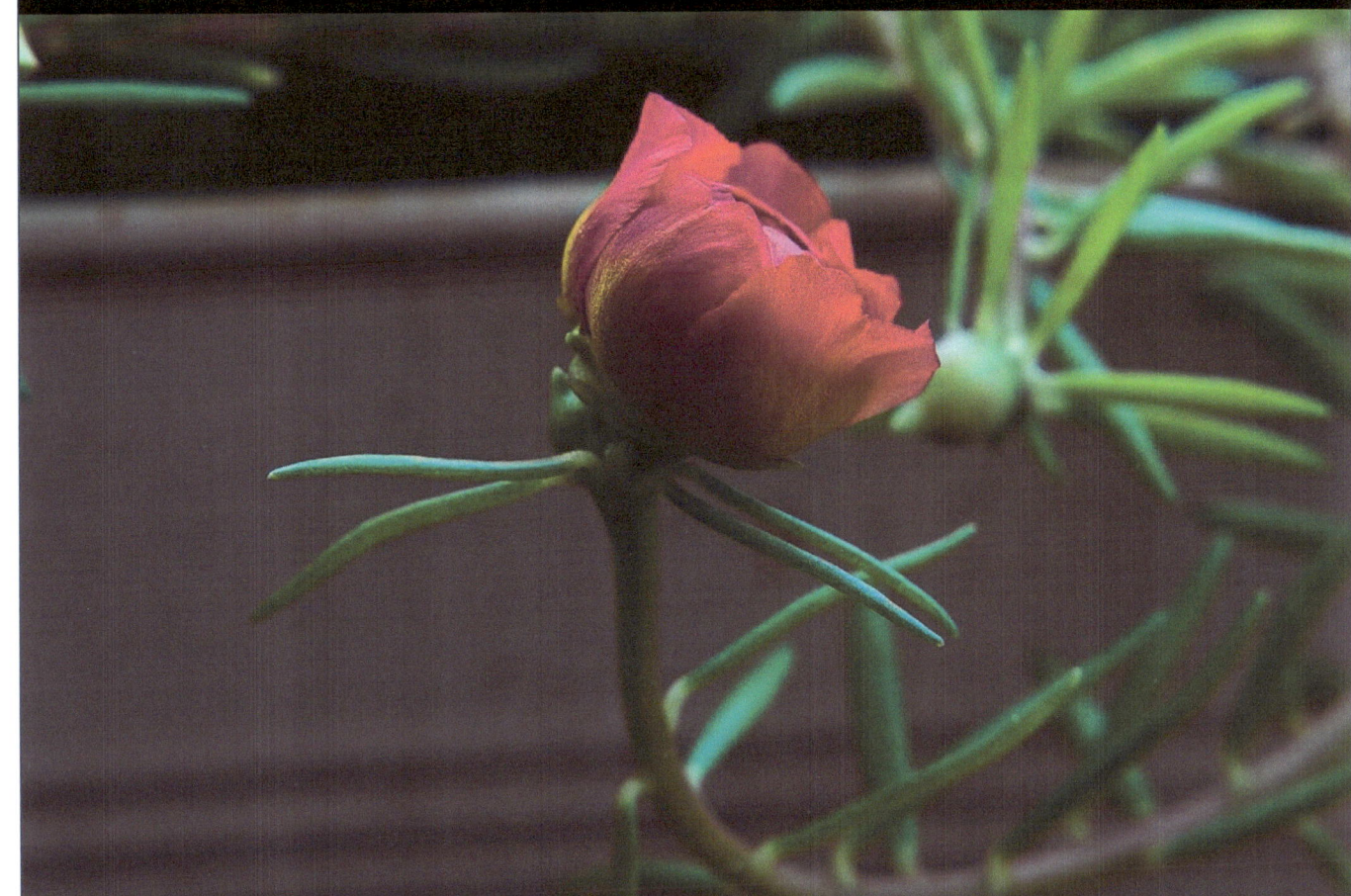

f2.8 | 75 mm | 1/160 | ISO 100

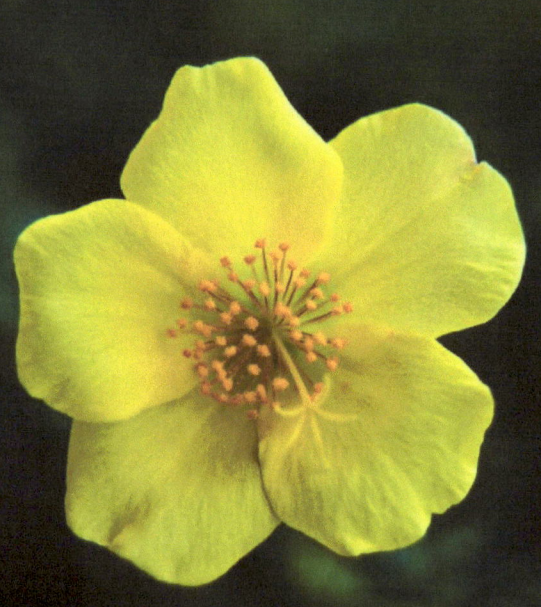

f2.8 | 43 mm | 1/400 | ISO 100

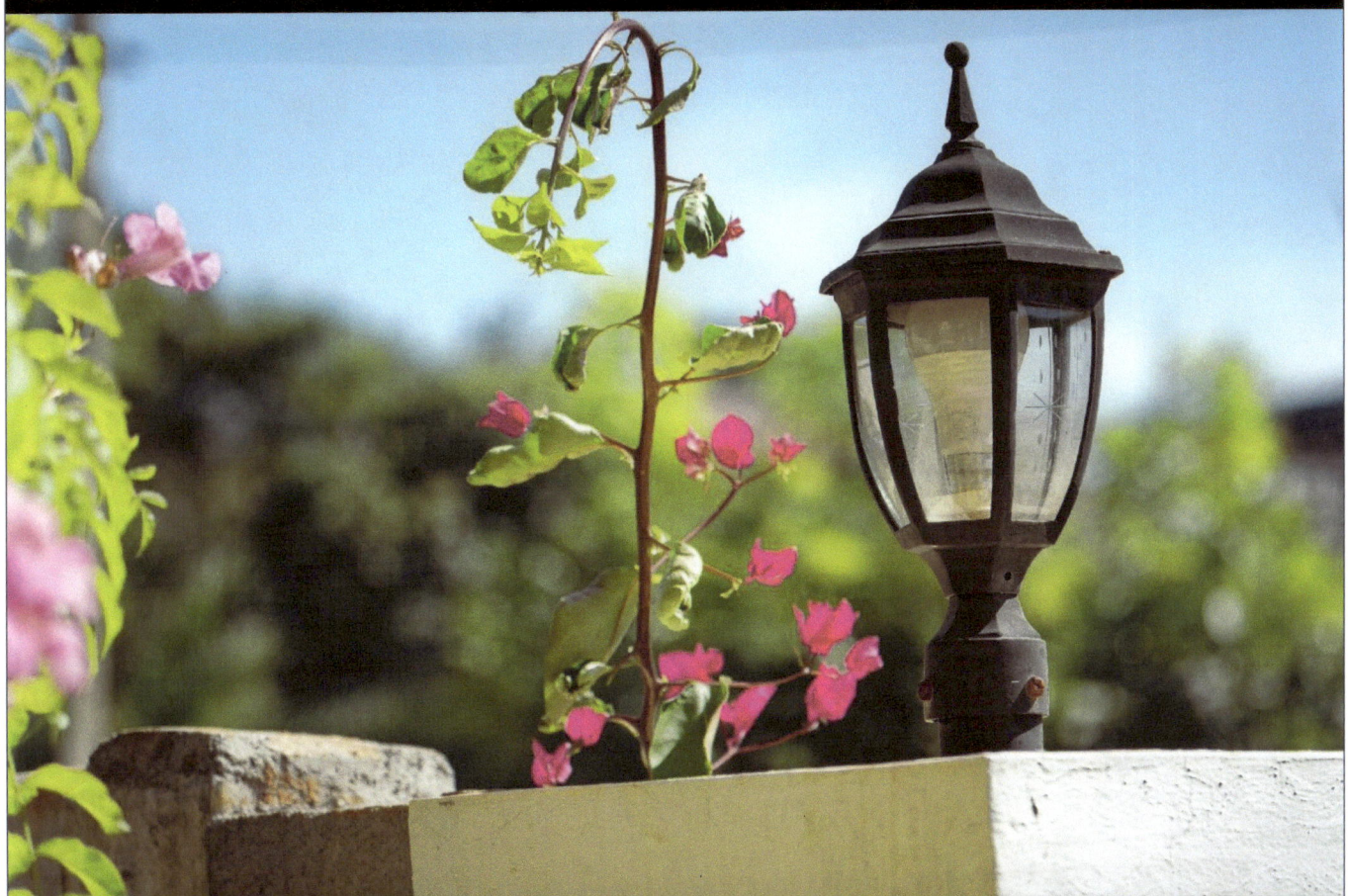

f6.3 | 154 mm | 1/4000 | ISO 1600

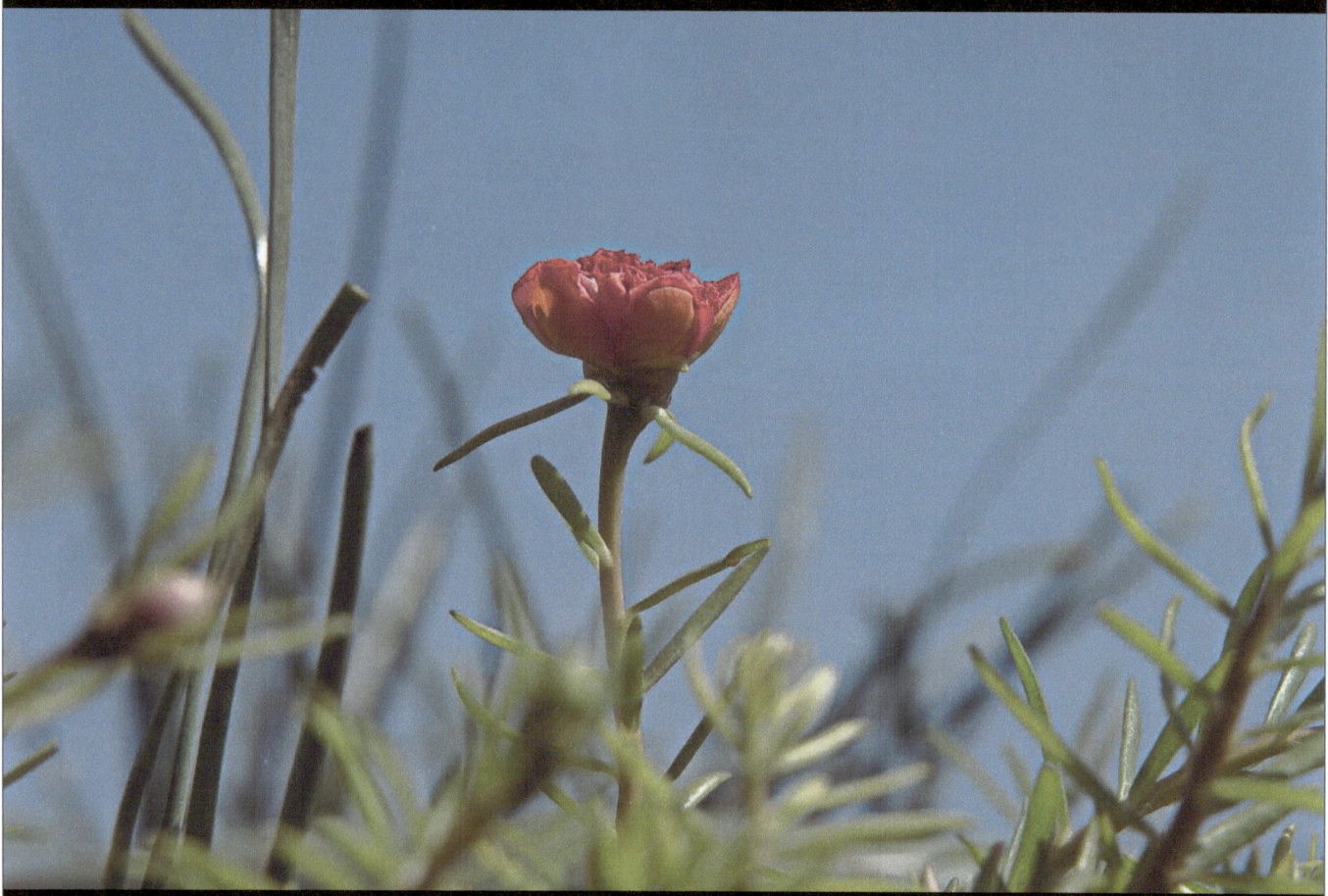

f4 | 14 mm | 1/160 | ISO 160

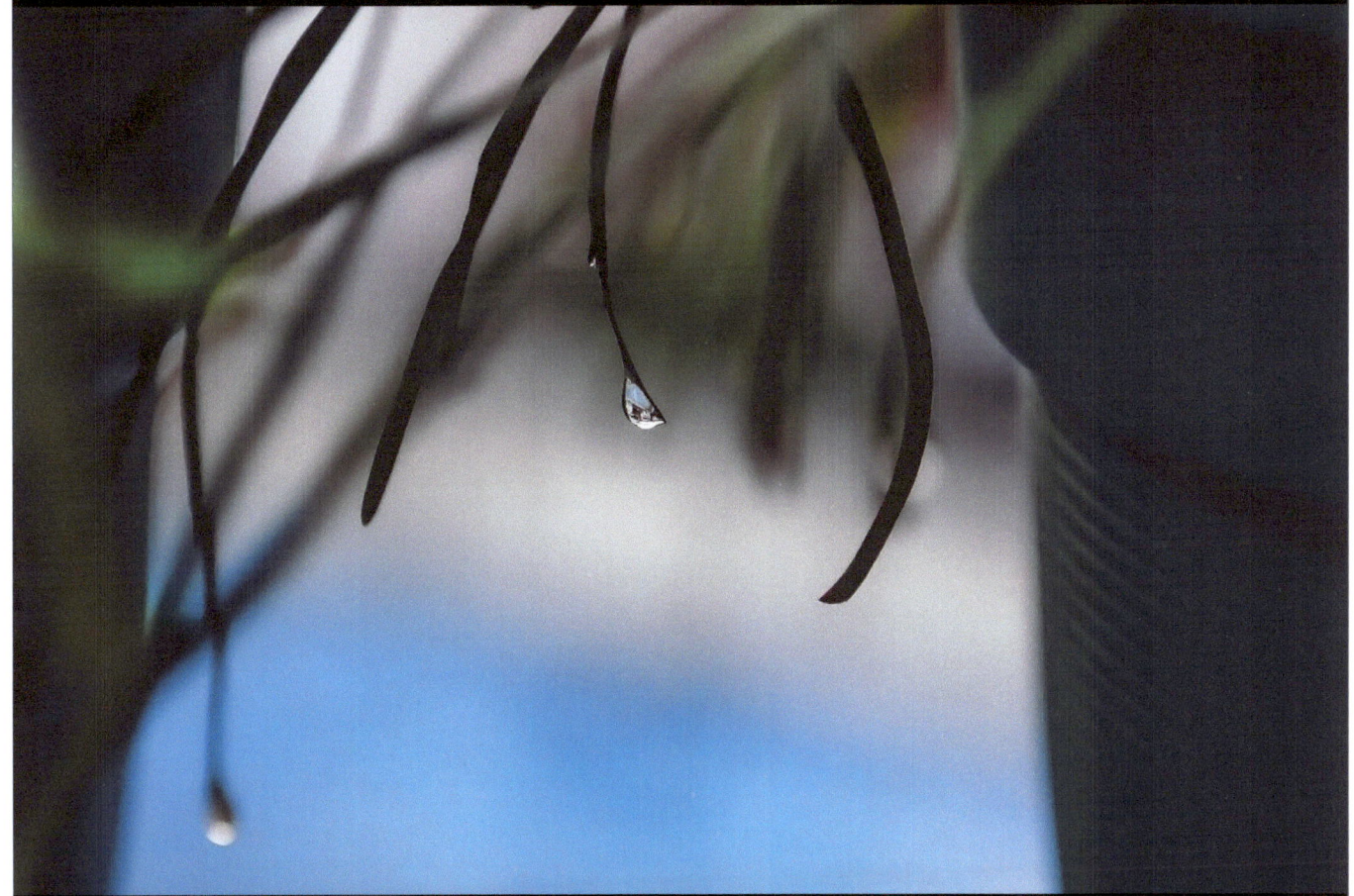

See the world upside down

f6.3 | 28 mm | 1/320 | ISO 3200

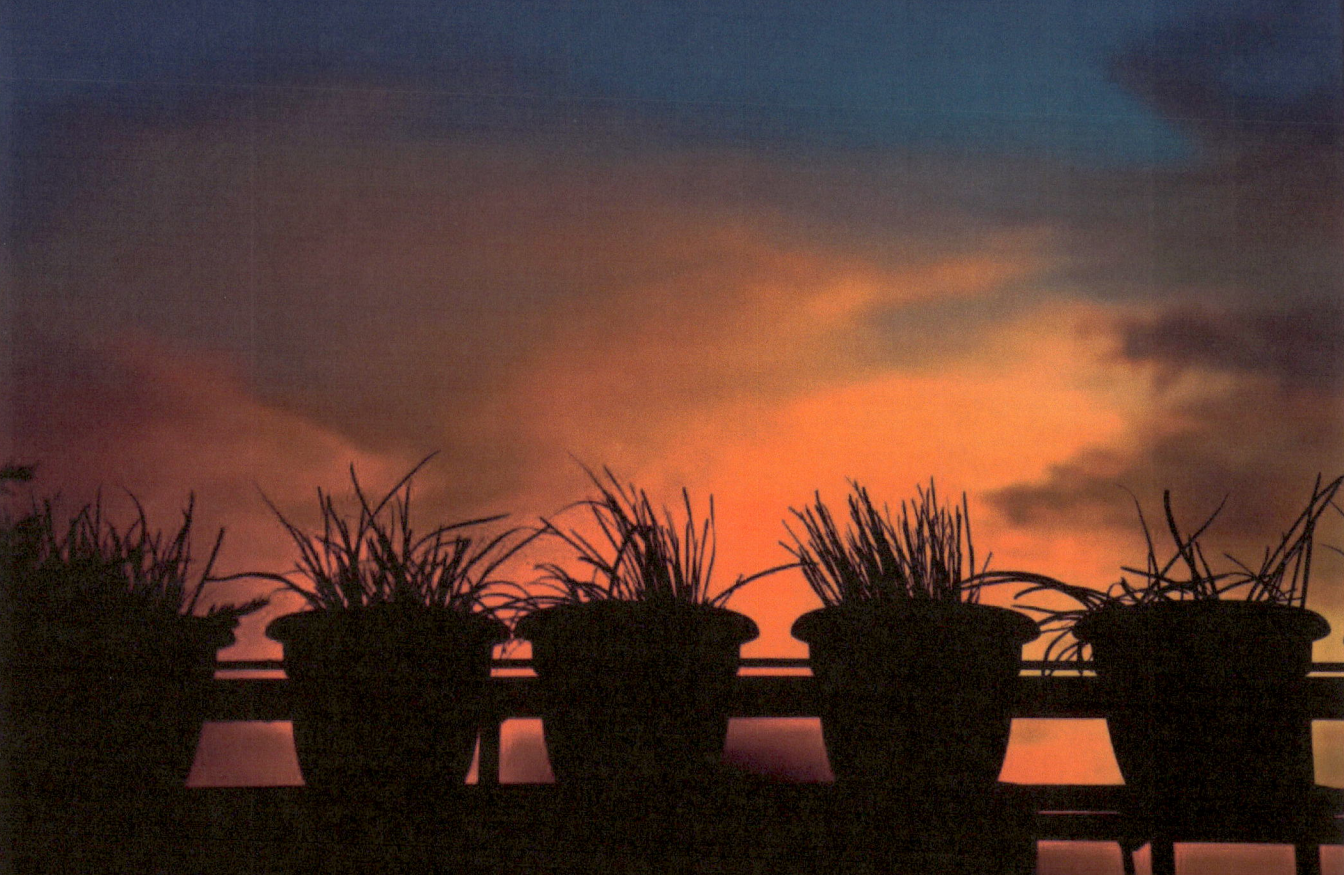

Sky on fire

f4.5 | 67 mm | 1/60 | ISO 125

Chapter Three: Landscapes

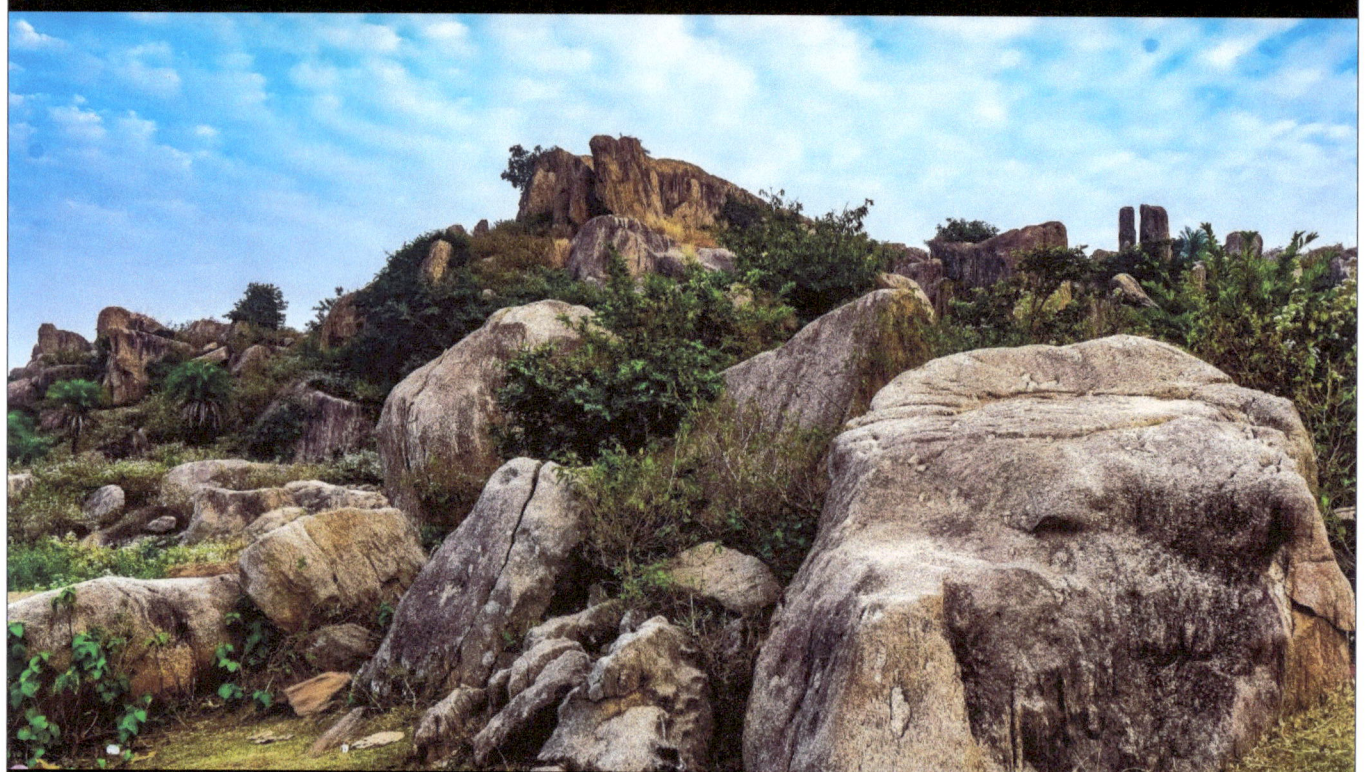

f14 | 400 mm | 1/2000 | ISO 12800

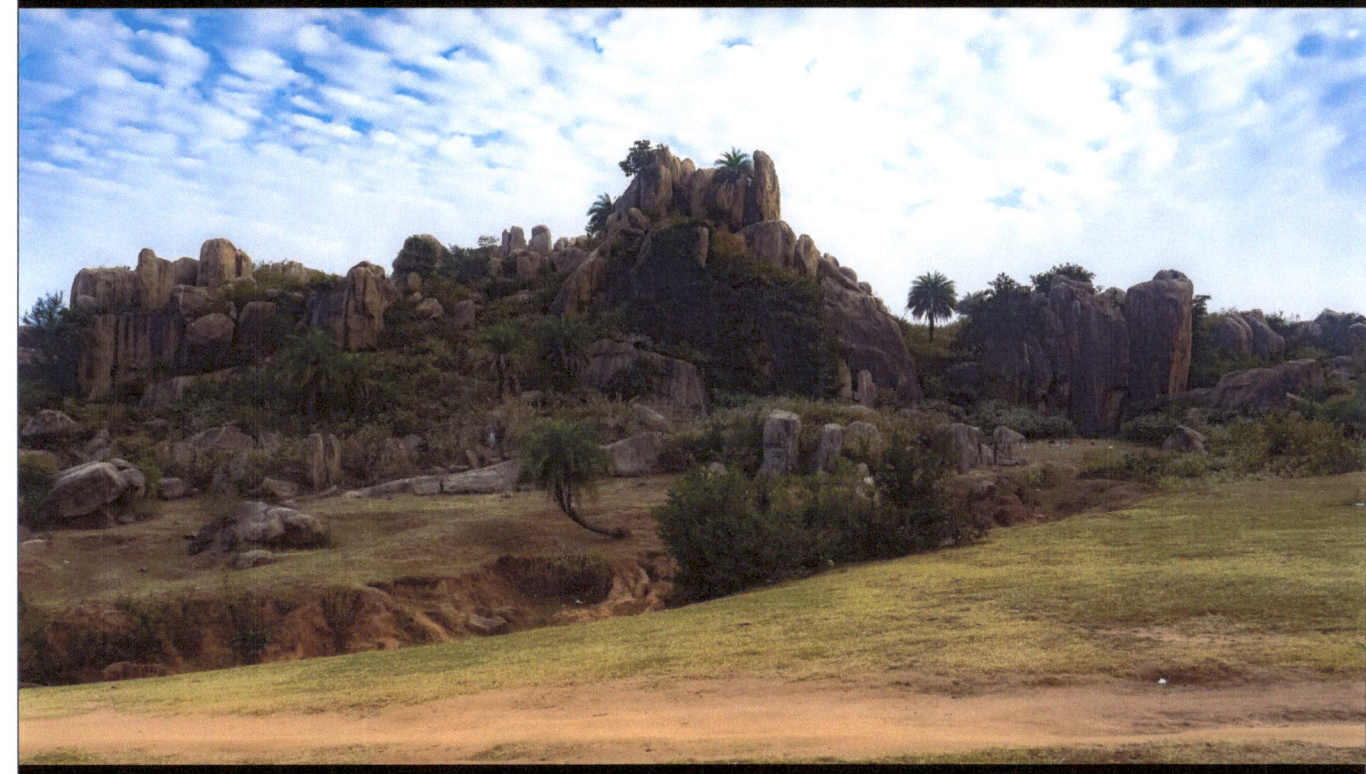

f6.3 | 28 mm | 1/1500 | ISO 1250

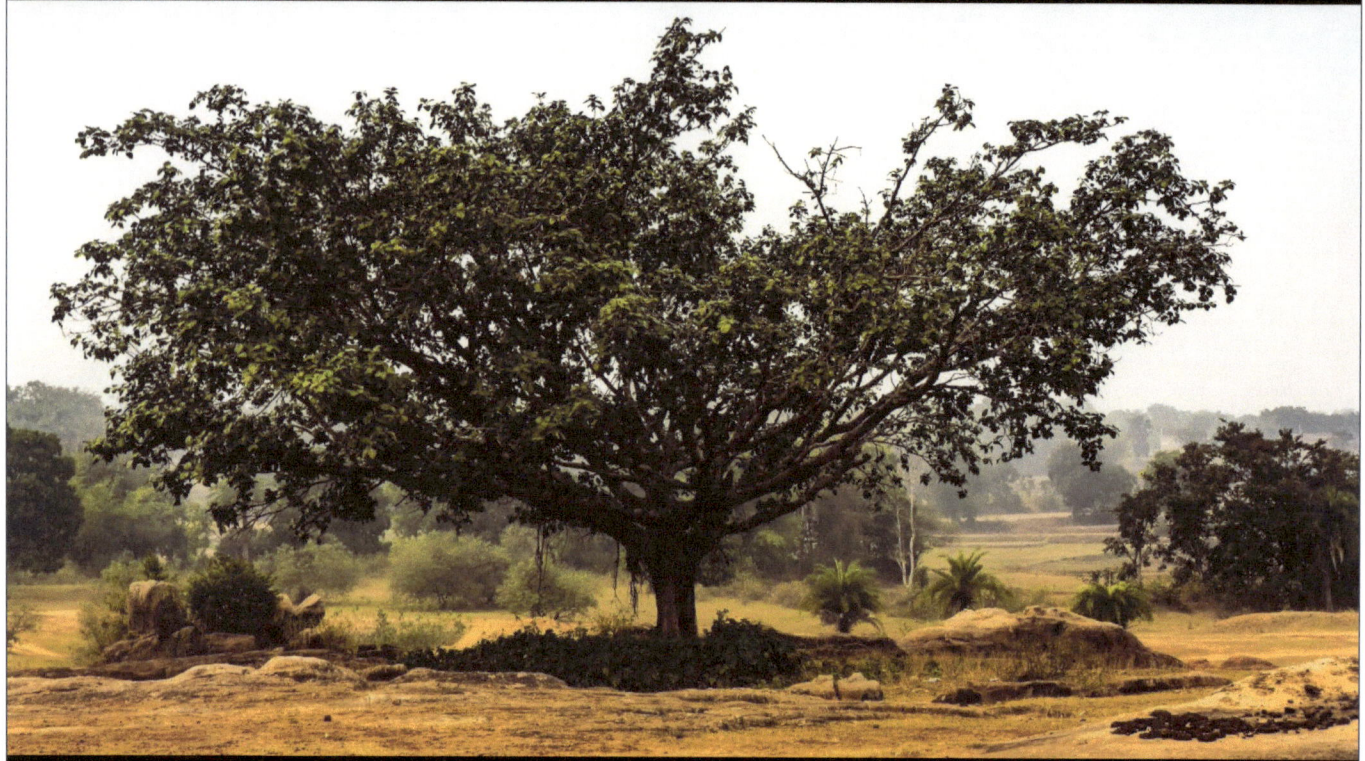

f8 | 60 mm | 1/200 | ISO 800

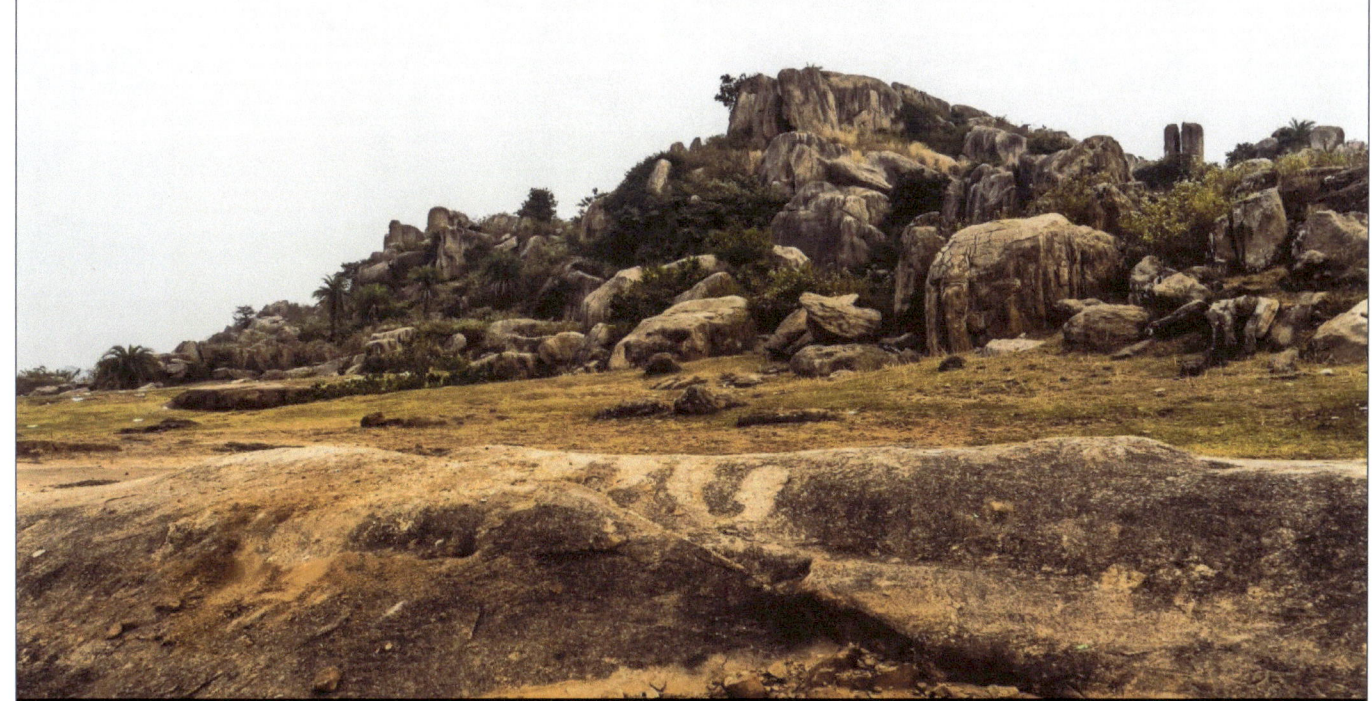

f8 | 28 mm | 1/320 | ISO 800

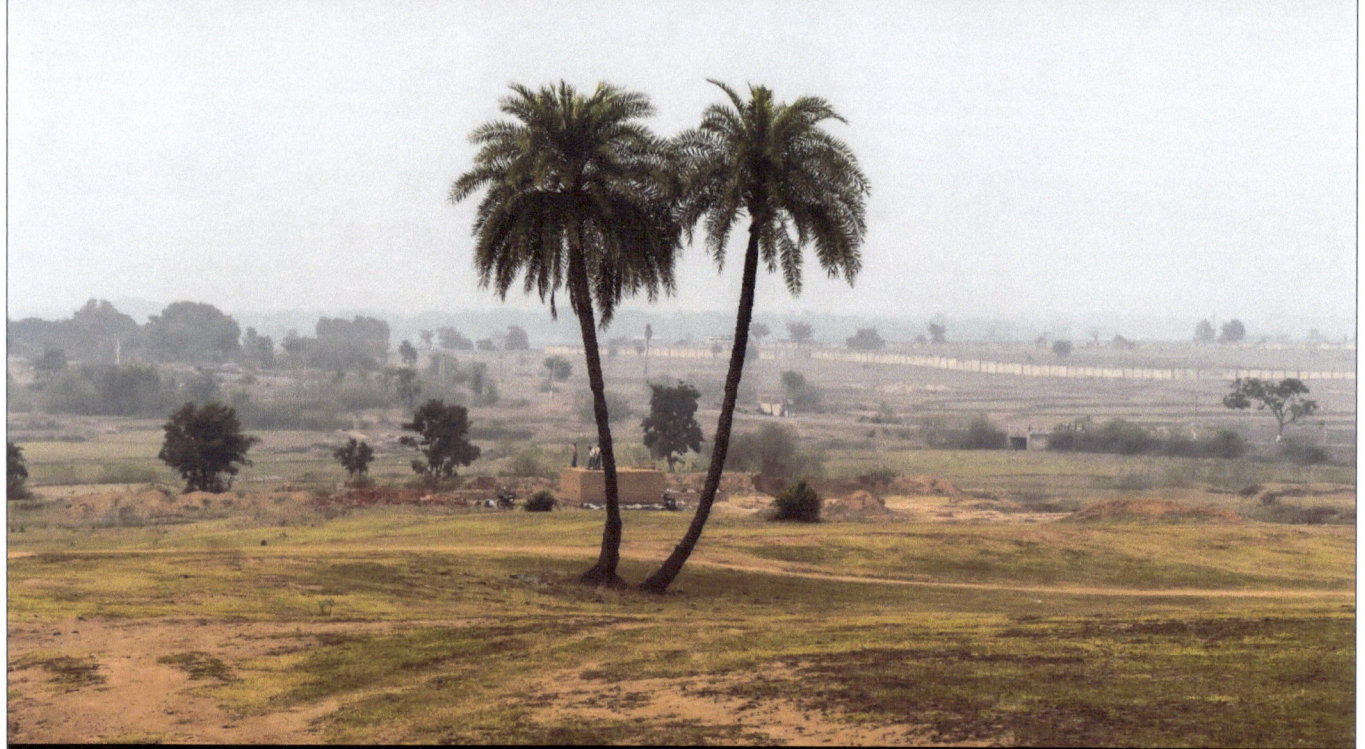

Twins

f8 | 75 mm | 1/320 | ISO 800

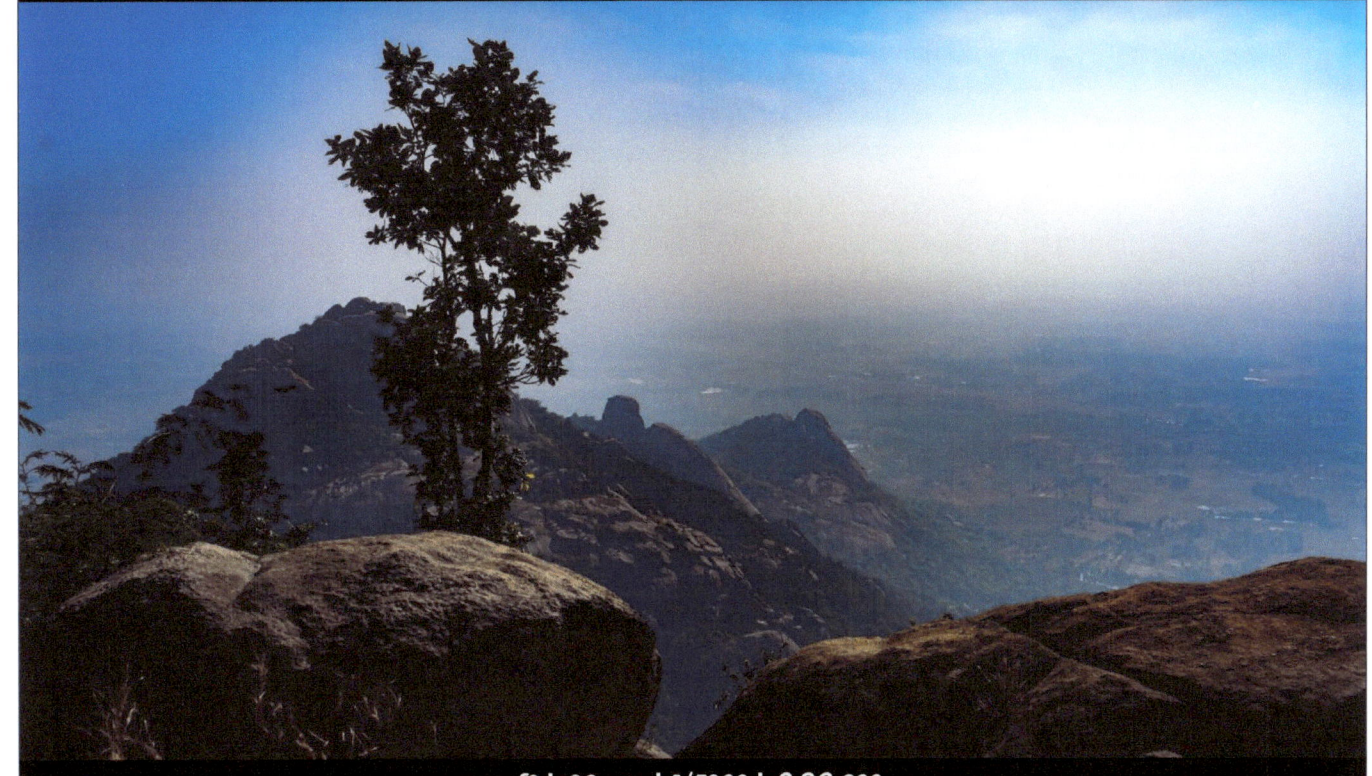

f8 | 28 mm | 1/3200 | ISO 800

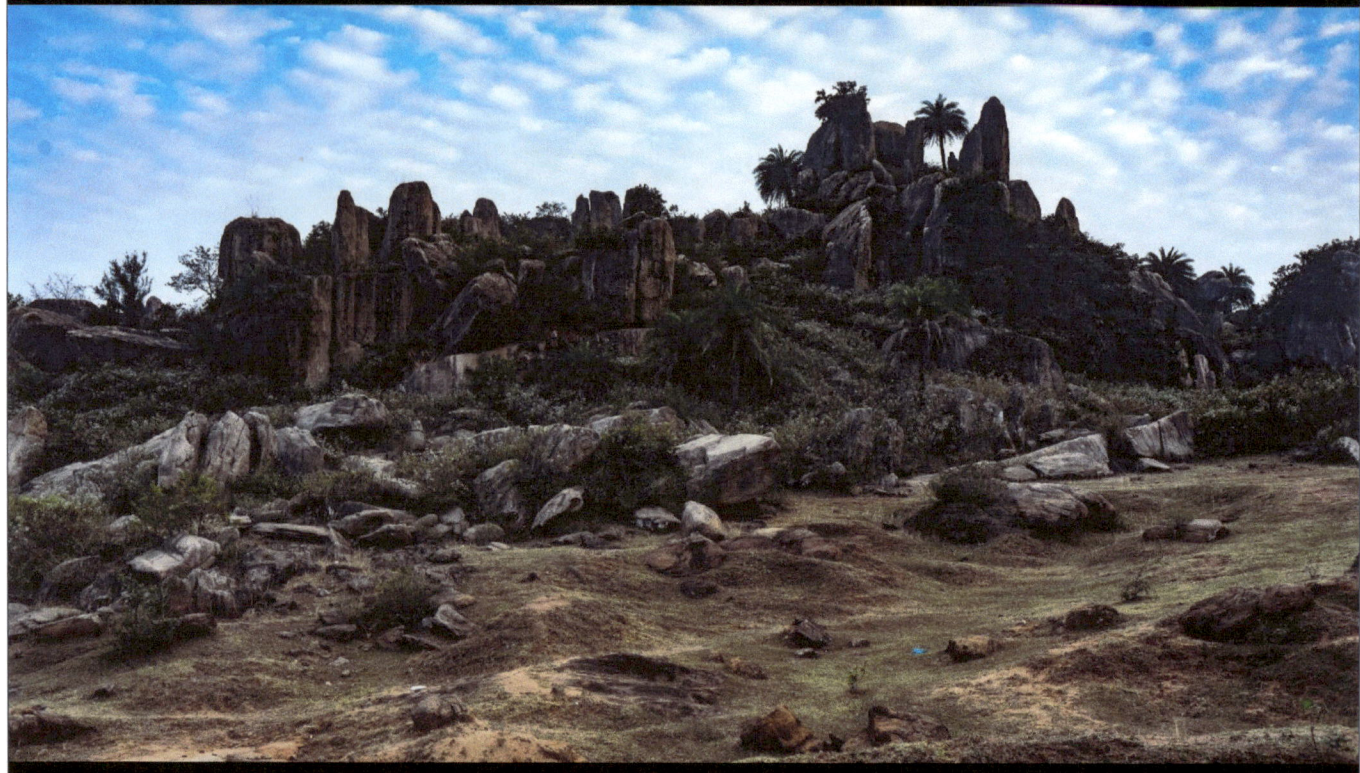

f4 | 14 mm | 1/160 | ISO 160

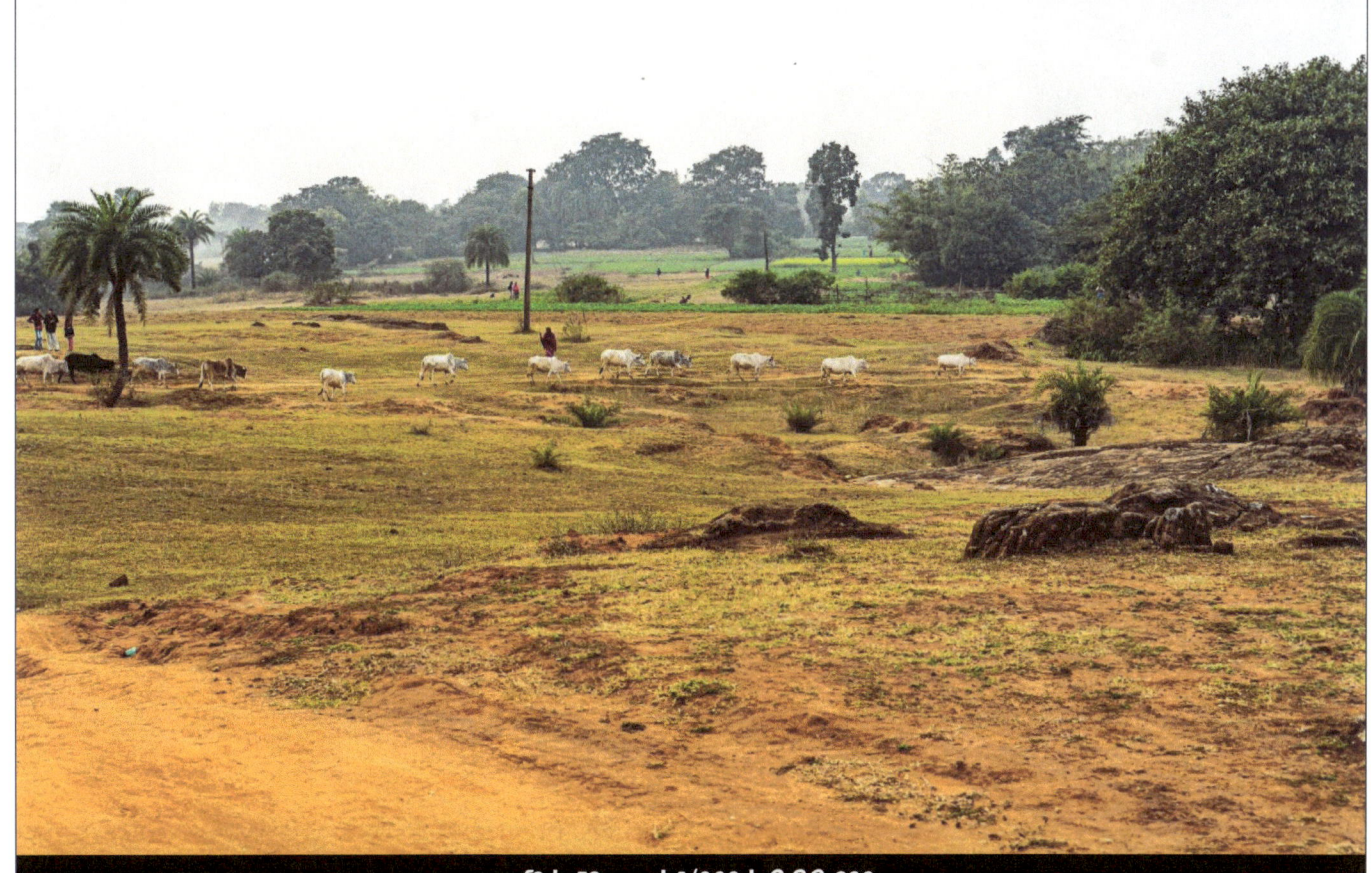

f8 | 52 mm | 1/200 | ISO 800

Moon rising

f8 | 60 mm | 1/200 | ISO 800

Three brothers

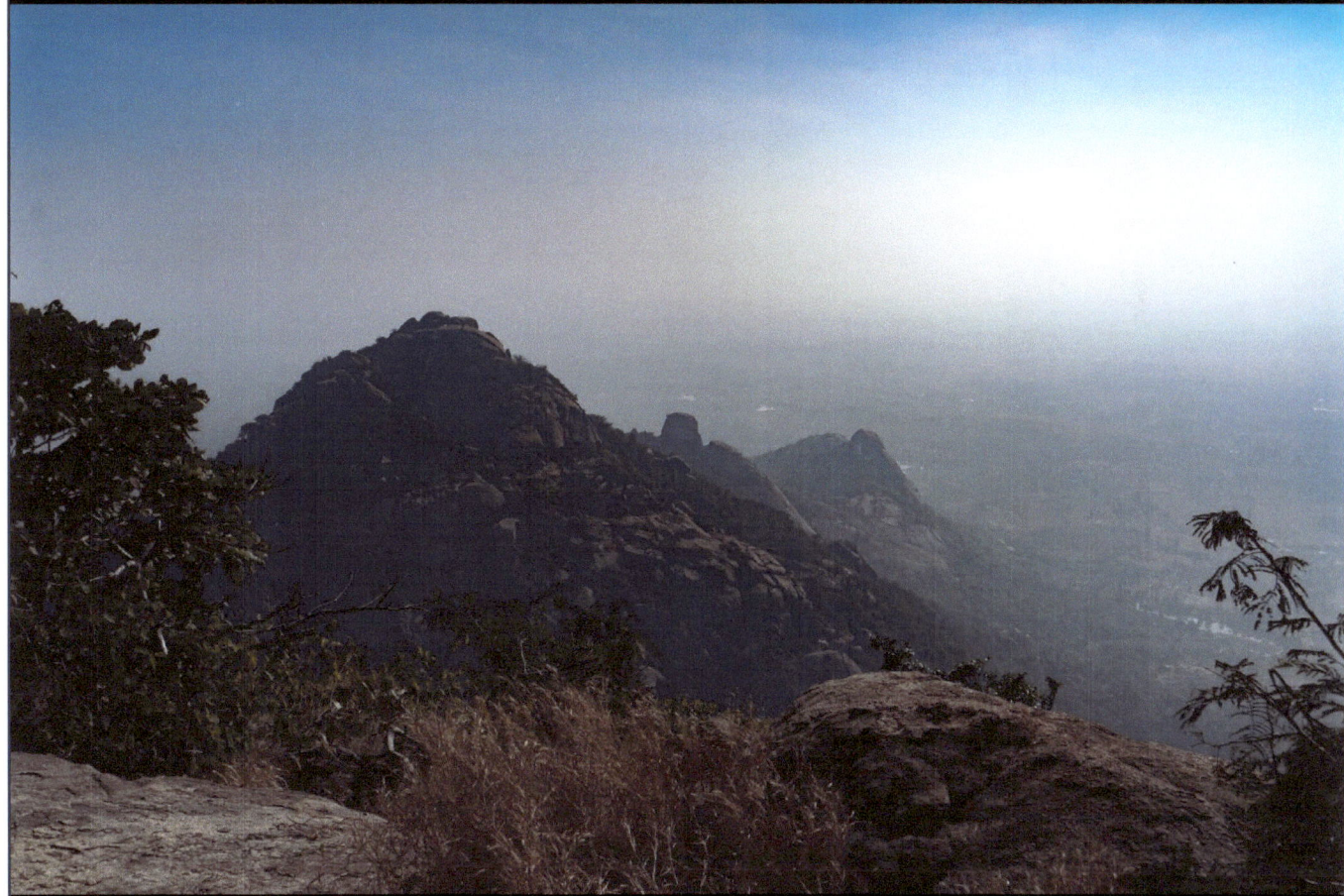

f8 | 28 mm | 1/6400 | ISO 800

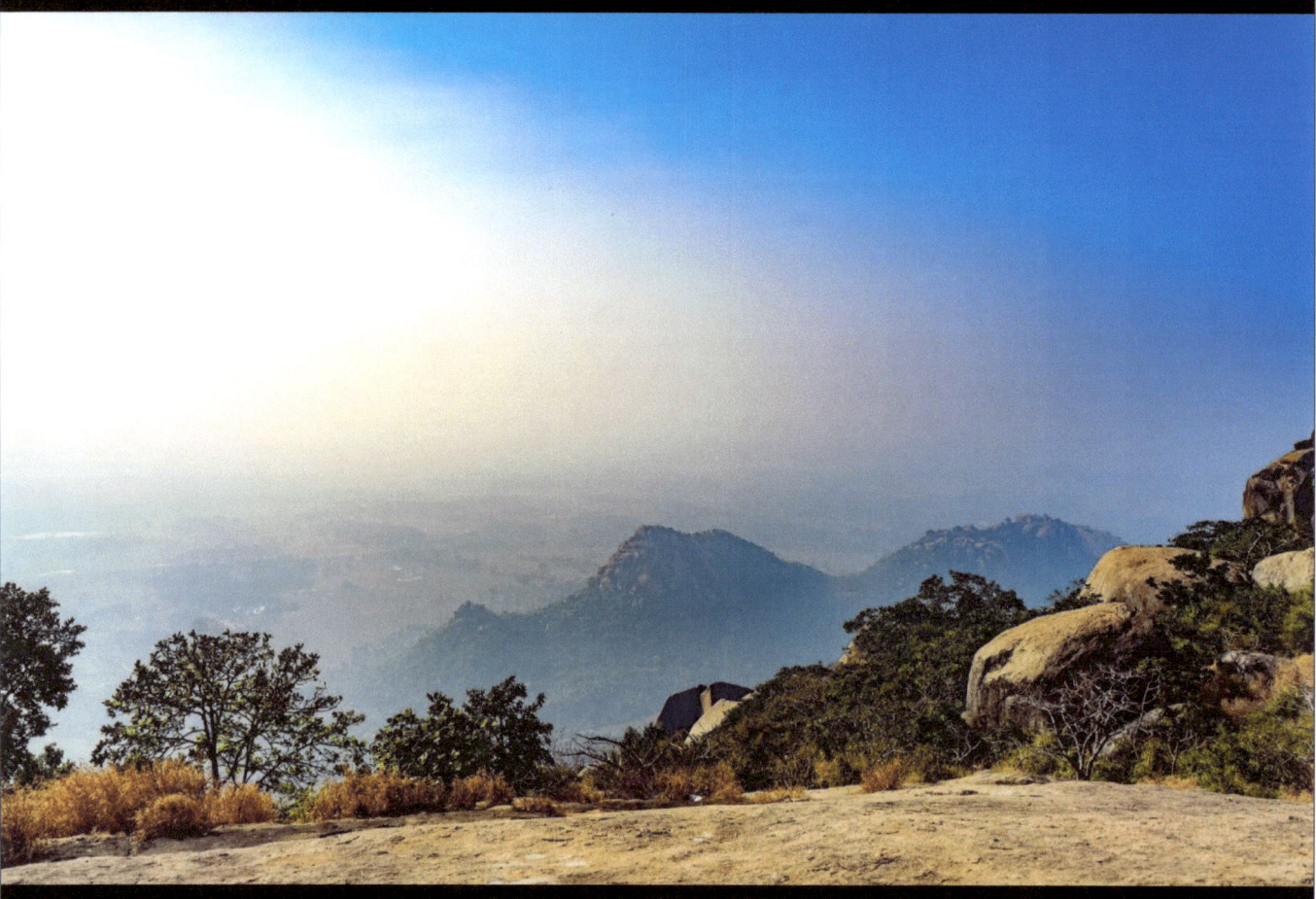

f8 | 28 mm | 1/500 | ISO 100

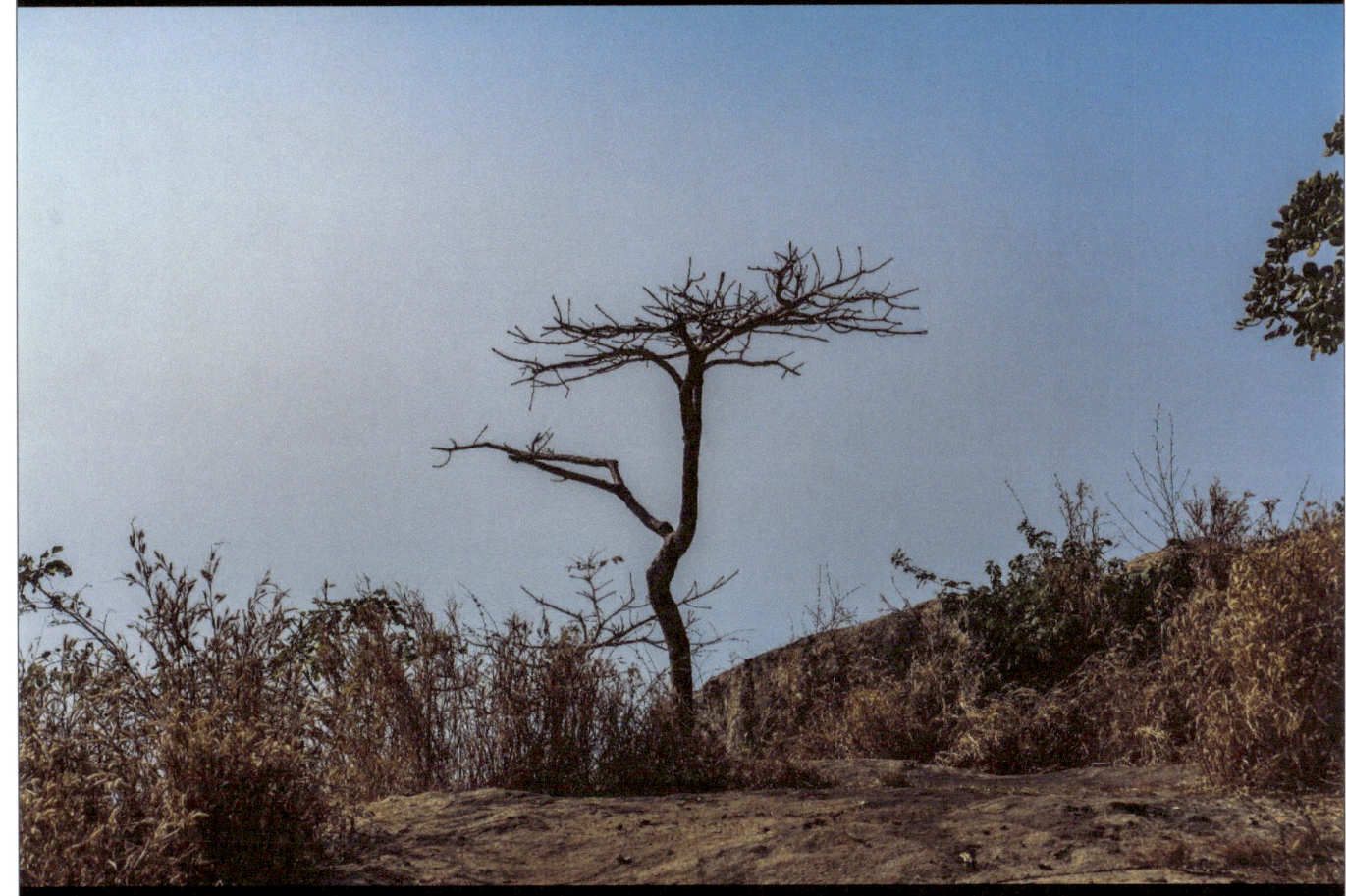

f8 | 69mm | 1/800 | ISO 100

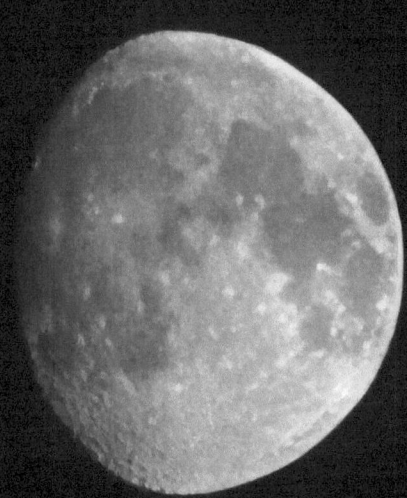

Anubhav Pandey

f6.3 | 174 mm | 1/1000 | ISO 1000

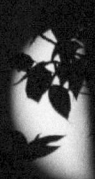

f6.3 | 400 mm | 1/400 | ISO 6400

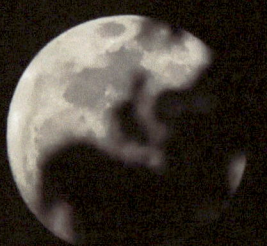

f14 | 400 mm | 1/400 | ISO 6400

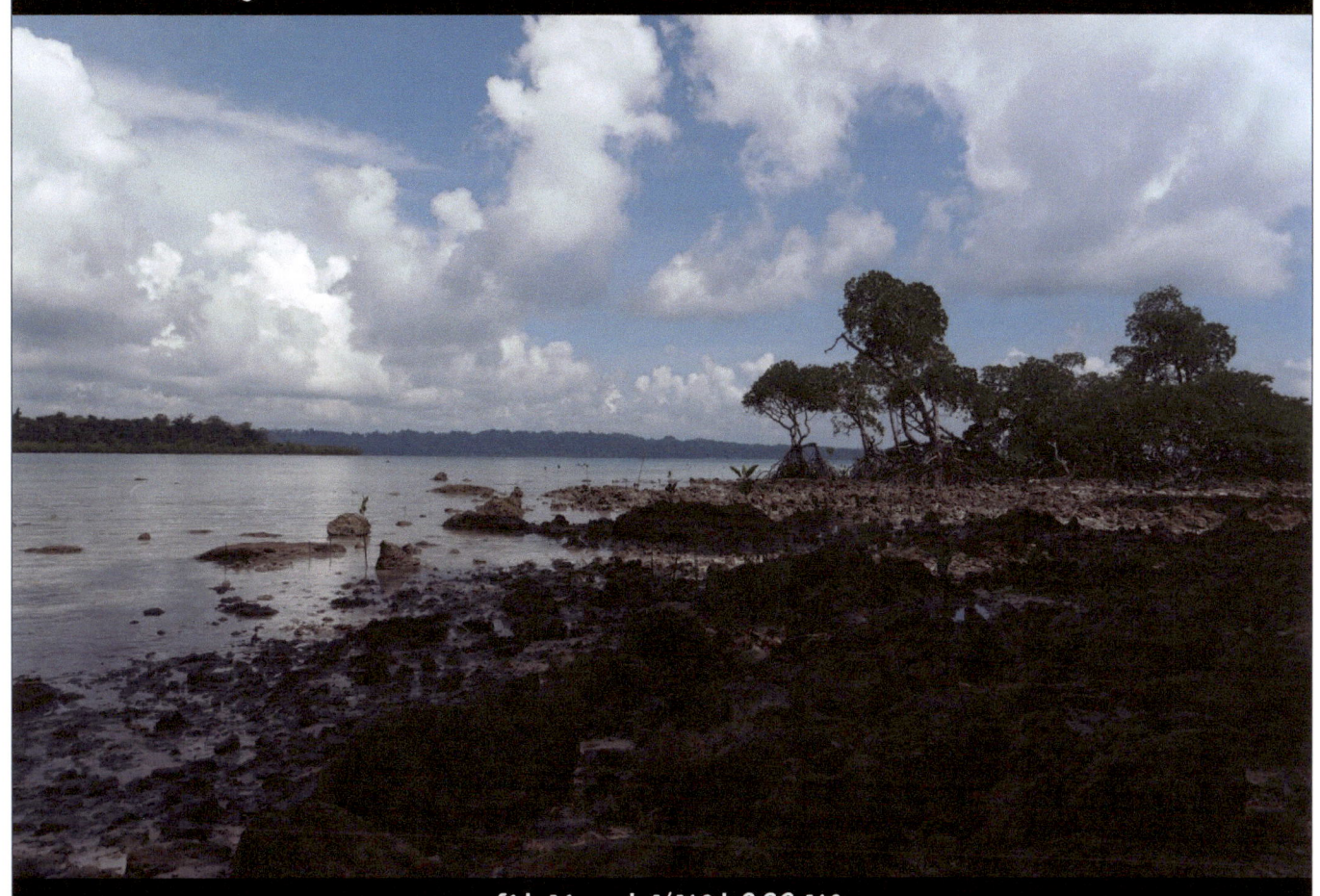

f4 | 14 mm | 1/160 | ISO 160

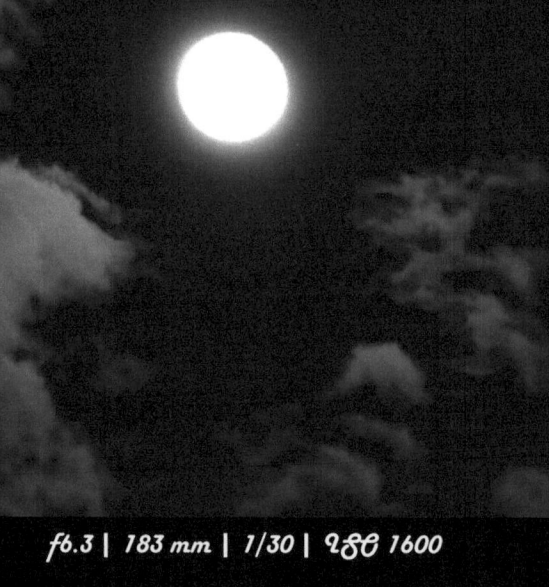

Up for a game of hide and seek

f6.3 | 183 mm | 1/30 | ISO 1600

Got to hide now

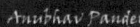

f13 | 50 mm | 1/5 | ISO 12800

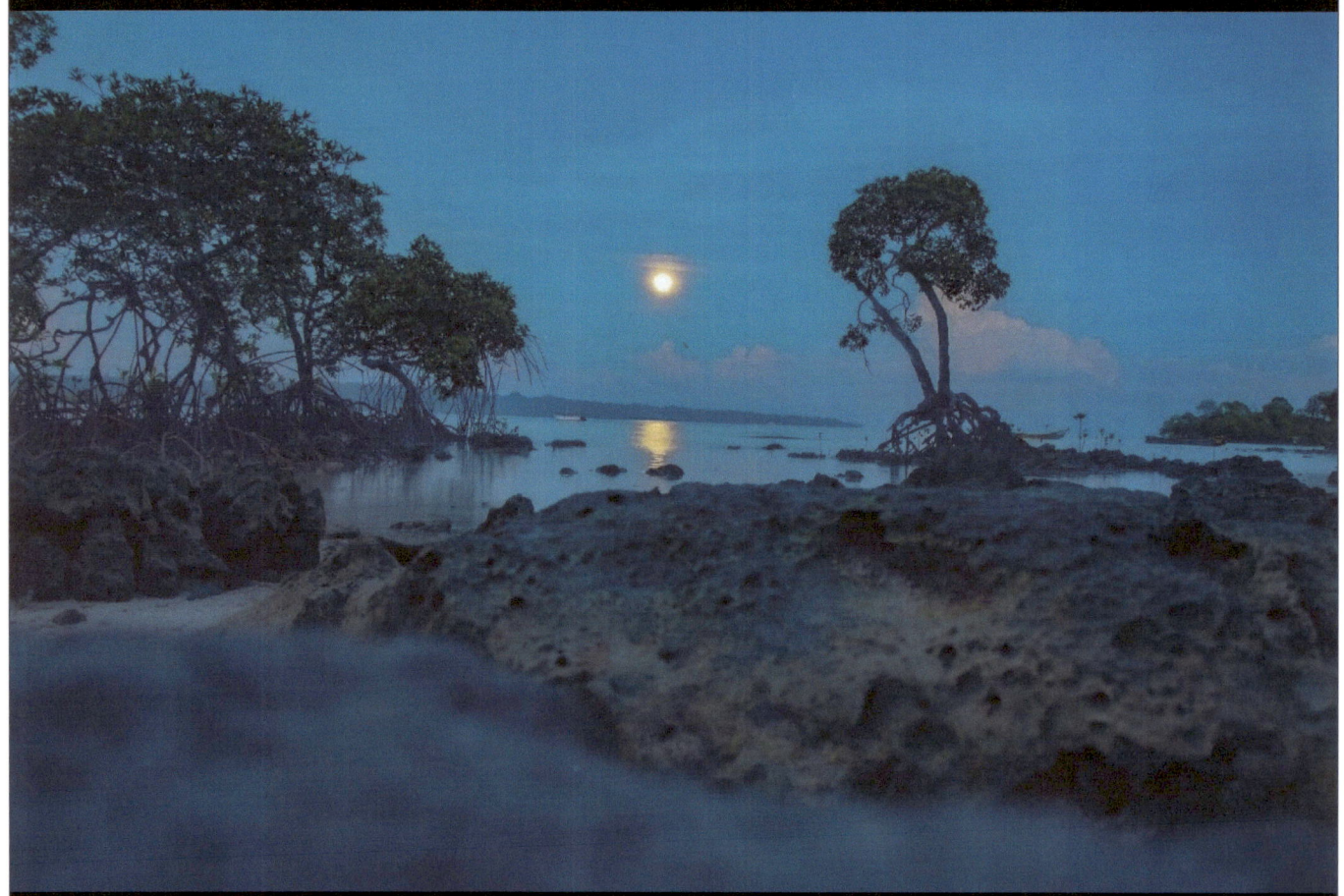

f4 | 14 mm | 2 | ISO 160

Raindrops on window

f16 | 66 mm | 2/5 | ISO 1250

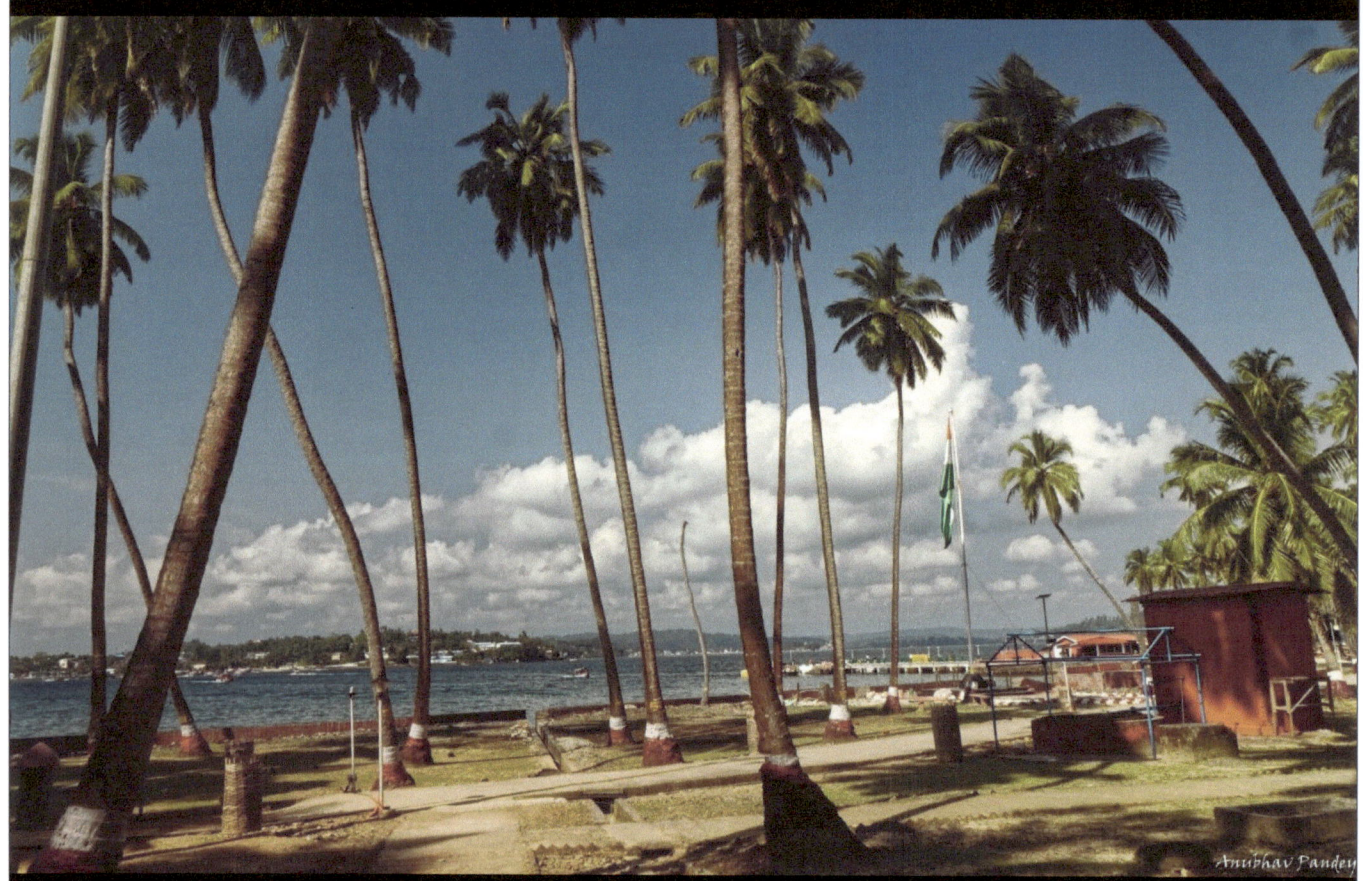

f16 | 14 mm | 1/140 | ISO 160

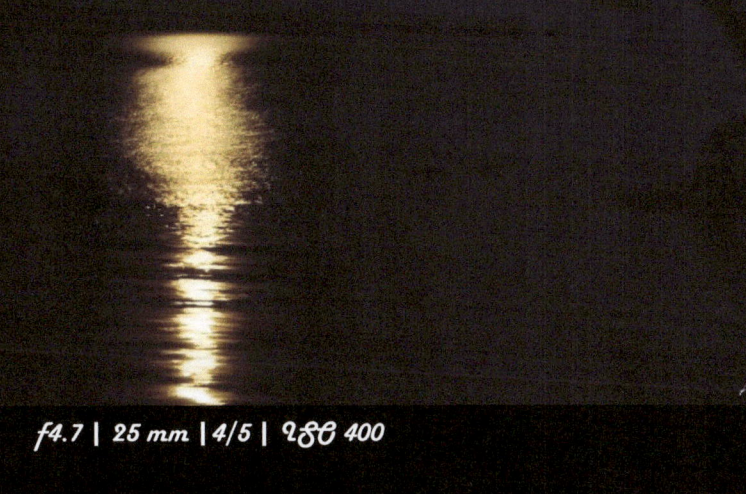

Liquid gold

f4.7 | 25 mm | 4/5 | ISO 400

Anubhav Pandey

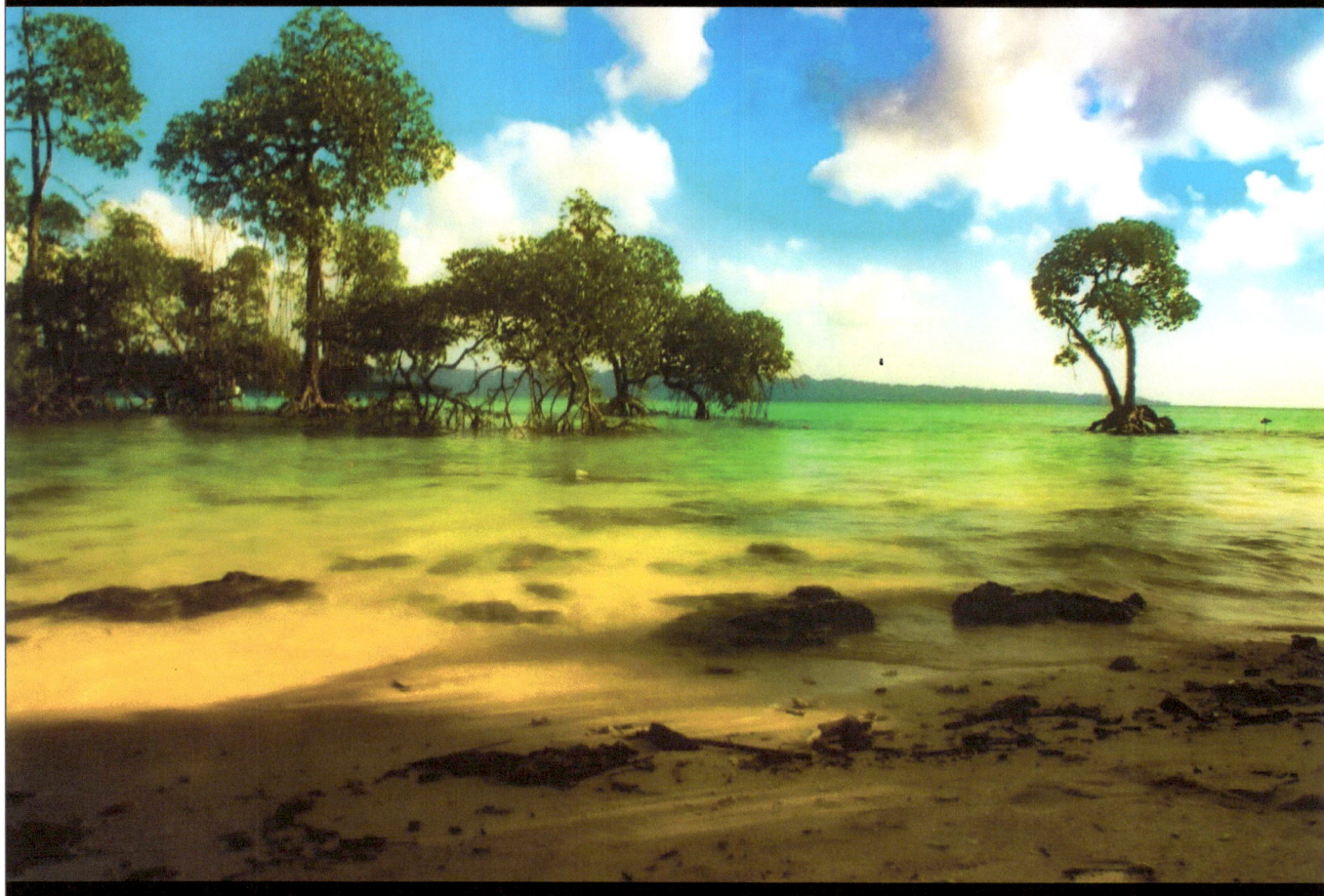

Dey dream

f4.7 | 25 mm | 4/5 | ISO 400

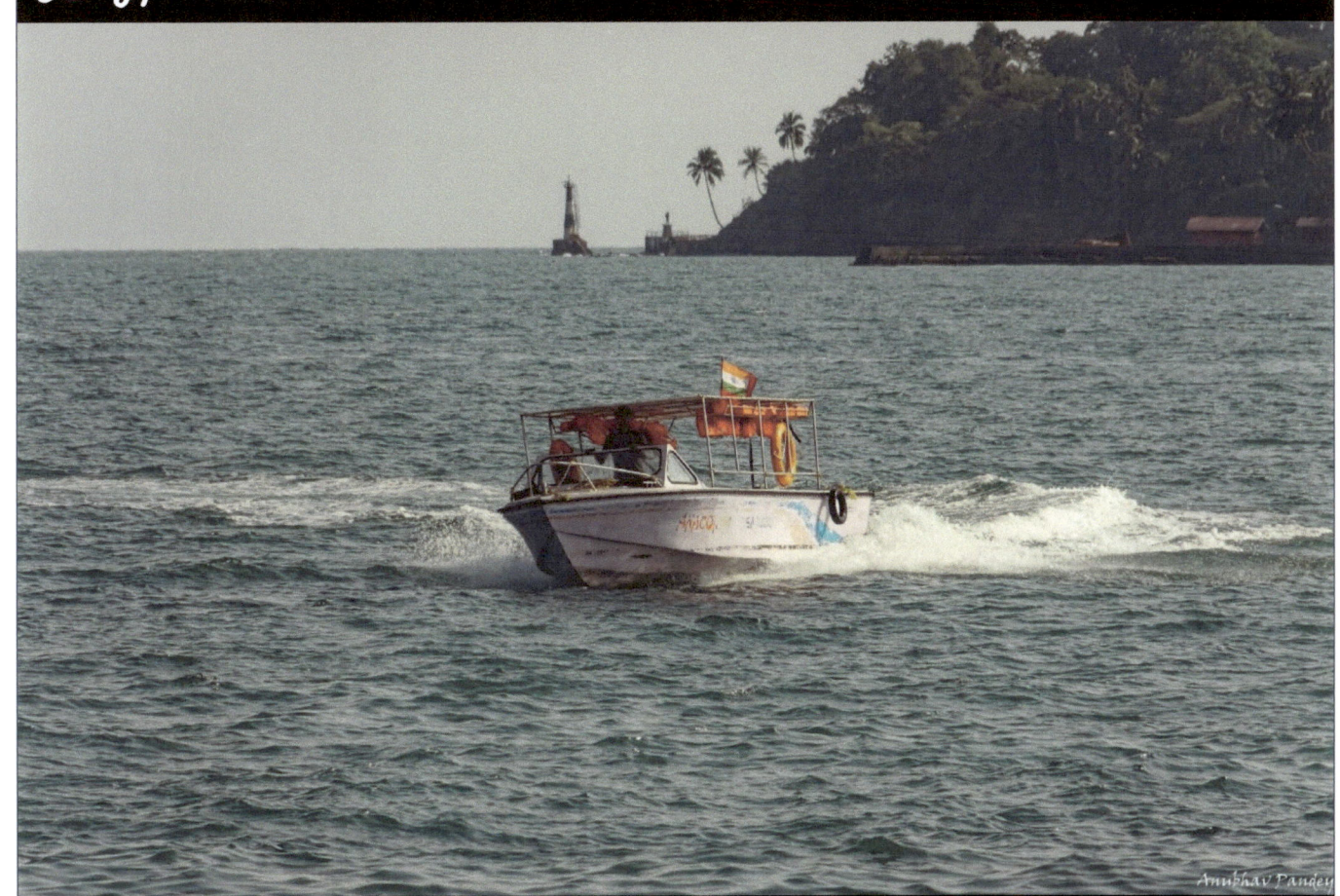

f5.6 | 150 mm | 1/500 | ISO 160

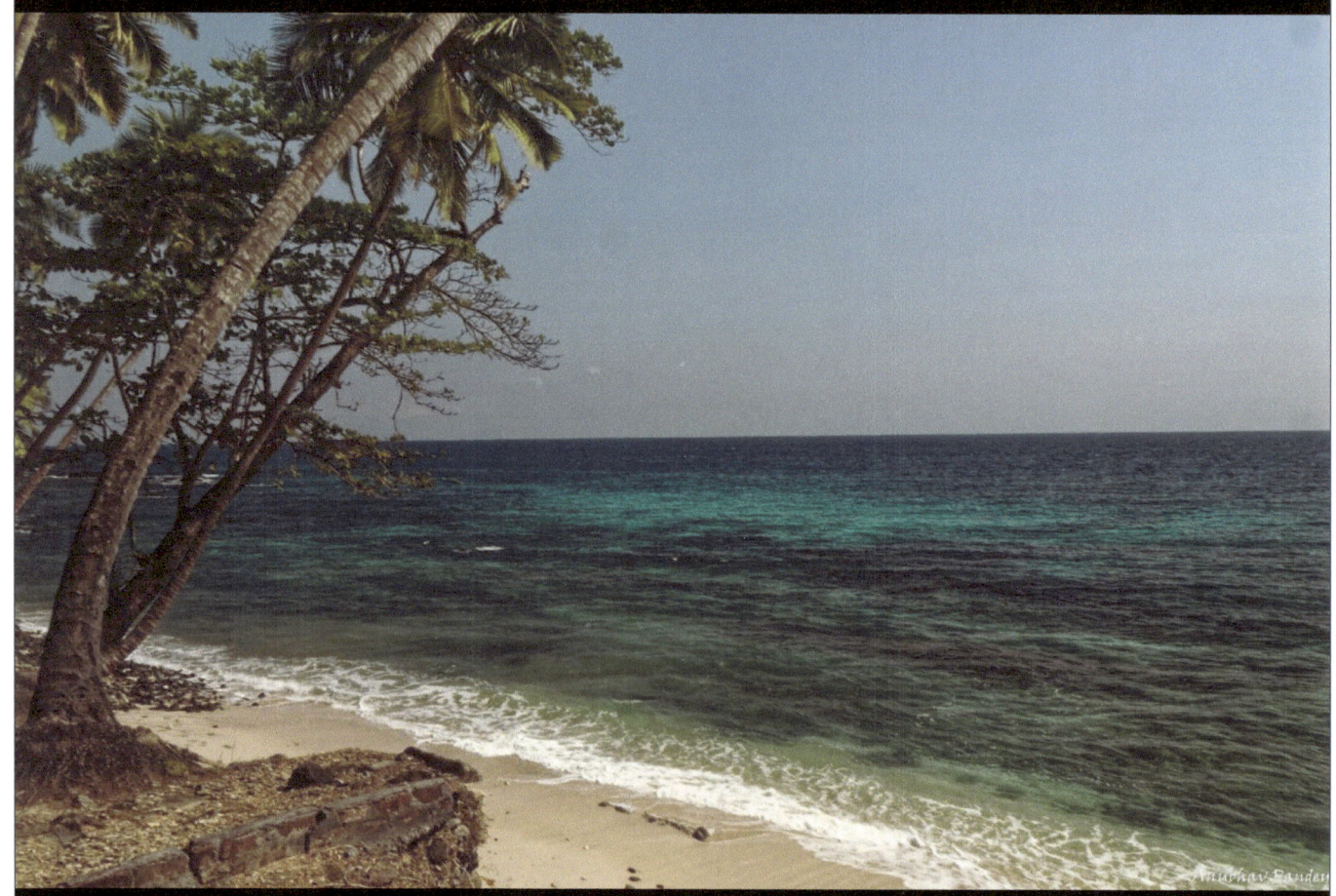

f14 | 14 mm | 1/15 | ISO 160

The End